EXERCISE MANUAL TO ACCOMPANY

FRENCH
FOR ORAL AND WRITTEN REVIEW
Fifth Edition

Charles Carlut   Walter Meiden
THE OHIO STATE UNIVERSITY

Holt, Rinehart and Winston
Harcourt Brace College Publishers
Fort Worth   Philadelphia   San Diego   New York   Orlando   Austin   San Antonio
Toronto   Montreal   London   Sydney   Tokyo

Printed in United States of America.

ISBN 0-03-075901-3

3 4 5 6 7 8 9 0 1 018 9 8 7 6 5 4 3 2

Contents

Preface

This workbook and laboratory manual to accompany the fifth edition of *French for Oral and Written Review* presents both written and oral exercises which are different from those found in the main text. The goal of the *Exercise Manual* is to supplement the basic text and to provide students with an additional opportunity to practice and master what they have learned.

The manual consists of two parts: (1) a workbook section, consisting of a set of written exercises on all phases of French grammar as taken up in the main text; and (2) a laboratory section, a collection of pattern practice drills designed to enable students to internalize important structures of French grammar. Words used in both parts of the manual are defined in the French-English vocabulary at the end of the main text.

The written exercises in the workbook section are of a different type from the exercises found in the corresponding chapter of the text. They encourage students to show their understanding of grammatical structures by asking them to answer questions, complete statements, or to combine sentence parts while incorporating their personal ideas and opinions. There are no translation exercises in the workbook, and each chapter ends with suggested topics for compositions based on subjects related to the reading at the beginning of the corresponding chapter of the main text.

All exercises are preceded by complete instructions and a model sentence. Wherever there is more than one correct response, several possible answers are given.

The pattern practice section of the manual is a guide to the tape program. Instructions and model sentences for each of the 159 structure drills are provided. These drills cover the various topics taken up in the main text chapter by chapter. The drills consist of simple rather than complex sentences, so that the student may be able to repeat them easily and as a result internalize the structures effectively. For maximum benefit, students should hear these drills but not see them. We suggest that they go to the language laboratory, listen to, and repeat each drill until they can do it automatically and without hesitation. No pattern drills accompany Chapter 17 because that chapter takes up problem prepositions, which do not lend themselves to structure drills.

Although this *Exercise Manual* has been prepared specifically to accompany the fifth edition of the Carlut/Meiden *French for Oral and Written Review*, it may also be used independently of the main text as a grammar review.

C.C.
W.M.

Interrogatives

EXERCICE 1

***Fill in the blanks with the proper form of* quel *or* lequel.**

MODÈLE: _____ de ces deux actrices préférez-vous?
            Laquelle *de ces deux actrices préférez-vous!*

1. _____ est, selon vous, la meilleure pièce de l'année?

2. Voilà les trois suspects. _____ reconnaissez-vous?

3. _____ est votre prénom?

4. On compare quelquefois la Floride et la Californie. _____ des deux aimez-vous le mieux?

5. Sait-on vraiment dans _____ île ce trésor peut être caché?

6. _____ sont les personnalités assises au premier rang?

EXERCICE 2

***Fill in the blanks with the appropriate form of* Quel est, Qu'est-ce que, *or* Qu'est-ce que c'est que. *Change* que *to* qu' *where appropriate.**

MODÈLE: un transistor

PAR EXEMPLE: ***Qu'est-ce qu'un*** *transistor!* (ou)
            Qu'est-ce que c'est qu'un *transistor!*

1. __Qu'est-ce que__ est la meilleure façon d'élever un enfant?

2. _____ un fossile?

3. _____un micro-ondes[1]?

4. _____ fruit préférez-vous?

5. _____ est le président des États-Unis représenté sur les billets d'un dollar?

6. _____ l'ethnologie?

_____
[1]microwave

EXERCICE 3

Following is a list of statements in which one part is italicized. Ask a question using an interrogative word to which the statement would be the answer. Build your question around the italicized part. If the answer is in the second person, use the tu *form.*

MODÈLE: Je suis né *dans le quartier de l'étoile.*
         Dans quel quartier *es-tu né?*

1. Je vais *chez Claude* au début de l'après-midi.

    _____

    _____

2. Je sortirai de Paris *par l'autoroute numéro 7.*

    _____

    _____

3. Michel a pu réparer la porte *avec un marteau et quelques clous.*

    _____

    _____

4. Pierre ira chercher *sa femme* à l'aéroport demain.

    _____

    _____

5. Le directeur prend son repas de midi *chez sa mère.*

    _____

    _____

6. *La motocyclette de notre voisin* nous réveille tous les matins.

_____

_____

EXERCICE 4

After reading each of the following statements, ask a question using an interrogative word that could naturally arise from that statement.

MODÈLE: Henri va acheter une nouvelle voiture.

PAR EXEMPLE: *Combien cette voiture coûtera-t-elle?* (ou)
Chez qui va-t-il acheter la voiture? (ou)
Quelle marque Henri va-t-il acheter?

1. Charles a entendu un très beau concert dimanche.

_____

2. Madame Gautier a perdu son sac ce matin au marché.

_____

3. Quand je suis arrivé au lycée, je me suis rappelé que c'était samedi.

_____

4. On a dit aux enfants d'aller jouer dehors.

_____

5. Nous aurons une grosse note de téléphone à payer à la fin du mois.

_____

6. Quand j'étais petit, j'allais à la pêche avec mon père tous les samedis.

_____

EXERCICE 5

Below is a list of various things. Ask a question, using an interrogtive word that will elicit information about them.

MODÈLE: l'autobus qui passe par l'université

Par Exemple: *À quelle heure passe l'autobus?* (ou)
                 Dans quelle direction va cet autobus?

1. le prix d'une motocyclette _____

_____

2. un magnétoscope[1] _____

_____

3. le bureau le plus grand _____

_____

4. les clés de la voiture _____

_____

5. mon oncle est enfin revenu de Tahiti_____

_____

6. j'ai besoin d'un nouvel appareil de photo_____

_____

_____

[1]VCR

EXERCICE 6

Ask a question that would naturally arise in the given situation.

Modèle: Quelle question poseriez-vous si vous vouliez savoir l'adresse d'une personne?

Par Exemple: *Dans quelle partie de la ville habitez-vous?* (ou)
                 Quel est le numéro de la rue où vous habitez? (ou)
                 Qui pourra me dire votre adresse?

Quelle question poseriez-vous si vous vouliez . . .

1. aller dans une ville à deux cents kilomètres de chez vous?

_____

2. savoir la façon la plus économique de voyager en Europe?

_____

3. savoir quels cours on peut suivre le soir à l'université?

_____

4. vous engager dans les «Marines?»

_____

5. savoir comment devenir acteur ou actrice à Hollywood?

_____

6. savoir quelle sorte de chien acheter?

_____

EXERCICE 7

You are an employer. Jacques Lemaire comes to apply for a job. Write five questions you might ask him under these circumstances.

Modèle: *Chez qui avez-vous travaillé juste avant de venir ici?*

1. _____
2. _____
3. _____
4. _____
5. _____
6. _____

EXERCICE 8

Answer one of the following questions by writing a short composition on the subject mentioned. Consult the reading text at the beginning of the chapter for suggestions on vocabulary, etc.

1. Dans une situation analogue à celle où s'est trouvé l'auteur, qu'est-ce qui vous a le plus manqué à la télévision—informations, comédies, films, sports, jeux ou feuilletons télévisés[1]—et pourquoi?

2. Croyez-vous que, dans l'ensemble, la télévision soit une bonne chose pour les

_____
[1]soap operas

enfants, pour les adultes? Quels progrès avez-vous remarqué ces dernières années grâce aux satellites, aux câbles, aux stations des universités et au Public Broadcasting System?

_____

_____

_____

_____

_____

_____

_____

_____

_____

_____

_____

_____

_____

_____

_____

_____

Adjectives

EXERCICE 1

Substitute the word in parentheses for the word in italics and make any changes necessary in the modifying adjective.

MODÈLE: Ces *garçons* sont paresseux. (femme de ménage)
Cette **femme de ménage** est paresseuse.

1. Cette vieille *voiture* ne vaut pas grand-chose. (sofa)

   _____

2. Ces *œufs* sont très frais. (salades)

   _____

3. Ce *rapport* est complètement faux. (nouvelles)

   _____

4. Je ne connais pas d'*étudiants* plus consciencieux. (étudiantes)

   _____

5. Il faudra partir le *mois* prochain. (semaine)

   _____

6. *Gérard* est fou de faire cela. (Suzanne)

   _____

EXERCICE 2

Rewrite each sentence so that the word in parentheses modifies the word in italics. Make the necessary agreement and place the adjective in the correct position.

MODÈLE: Il y a quatre *fleuves* en France. (long)
    *Il y a quatre **longs fleuves** en France.*

1. Est-ce que tu as trouvé un *roman* à la bibliothèque? (intéressant)

   _____

2. La maison de ces *gens* a été inondée[1]. (pauvre)

   _____

3. Ce *bonhomme* ne devrait pas faire de jogging. (gros)

   _____

4. Regardez cette *fourrure*; c'est de l'hermine. (beau, blanc)

   _____

5. Ce *vin* ira bien avec notre poisson. (sec)

   _____

6. Votre *tante* est bien intéressante. (vieux)

   _____

_____
[1]flooded

EXERCICE 3

Rewrite the following sentences, substituting the italicized noun by the combination in parentheses which best fits the meaning.

MODÈLE: Antoine est mon *ami*. Nous nous connaissons depuis vingt ans. (ami meilleur, meilleur ami)
    *Antoine est mon **meilleur ami**. Nous nous connaissons depuis vingt ans.*

1. Monique n'a pas voulu rester chez ses parents et elle habite dans *son appartement*. (son propre appartement, son appartement propre)

   _____

2. Jacques sort souvent avec une *amie*; il n'aime pas être avec la même plusieurs fois de suite. (différente amie, amie différente)

_____

3. Je peux vous montrer une *façon* de résoudre ce problème. (simple façon, façon simple)

_____

4. Il y a dans le gouvernement *des fonctionnaires* qui sont inutiles. (de nombreux fonctionnaires, des fonctionnaires nombreux)

_____

5. S'il faut attendre *le train* plus de trois heures, je prendrai l'avion. (le prochain train, le train prochain)

_____

6. Je pourrais vous raconter *l'origine* de sa fortune. (la véritable origine, l'origine véritable)

_____

EXERCICE 4

Fill in the blanks with the appropriate comparative or superlative.

MODÈLE: Est-ce que M. Latour est riche? Oui, c'est l'homme _____ de la ville.
Oui, c'est l'homme **le plus riche** de la ville.

1. Est-ce que cette pièce est amusante? Oui, c'est la pièce _____

_____ que j'ai vue cette année.

2. Es-tu heureuse avec ton mari? Oui, je suis la femme _____ du monde.

3. Croyez-vous que Daniel soit aussi intelligent que son frère? Oui, en fait, c'est

_____ de la famille.

4. C'est une bonne histoire que nous avons entendue, mais je peux vous en raconter

une _____.

5. La plupart des gens trouvent que l'été est une saison agréable. Moi, je trouve que le printemps est _____.

6. Est-ce que vos étudiants sont studieux? Oui, mais ce sont les étudiantes qui sont _____.

EXERCICE 5

Complete the statement **Je préfère . . .** *with two appropriate adjectives.*

MODÈLE: une classe (ennuyeuse, intéressante, utile, amusante)
*Je préfère une classe **intéressante et amusante.***

Je préfère . . .
1. une voiture (économique, rapide, importée, solide)

_____

2. un ami (bavard, discret, jaloux, fidèle)

_____

3. un repas (savoureux, copieux, long, exotique)

_____

4. un roman (moderne, sentimental, policier, étranger)

_____

5. un homme d'état (éloquent, malin, honnête, généreux)

_____

6. une situation (sûre, intéressante, prestigieuse, tranquille)

_____

EXERCICE 6

Complete each sentence with two or more of the following adjectives. Do not use the same adjective in more than one sentence.

intéressant	travailleur	simple	neuf	élégant
sympathique	étranger	chaud	moderne	gentil
petit	large	désagréable	dur	aimable
vieux	commode	fort	léger	grand
amusant	propre	bon marché	ennuyeux	impossible
coûteux	injuste	méchant	curieux	gras

Name _____ Date _____ Class _____

MODÈLE: Je voudrais un livre_____

PAR EXEMPLE: *Je voudrais un livre* **intéressant et amusant.** (ou)
Je voudrais un livre **moderne et simple.**

1. Une maison idéale doit être _____

2. J'ai besoin d'un costume _____

3. Espérons que sa conférence sera _____

4. Tous les amis d'Éric sont _____

5. Ce rasoir électrique est _____

6. Les Dubois ont passé chez nous un week-end _____

EXERCICE 7

Rewrite the following passage, choosing one of the adjectives below to modify each italicized word. Make agreements and choose the best word order. Do not use the same adjective more than once.

célèbre	fugitif	mélancolique	paternel	sec
désert	grand	nouveau	pauvre	secret
désiré	inconnu	passionné	romantique	vif

   Chateaubriand, l'*écrivain* du dix-neuvième siècle, raconte comme il aimait le *spectacle* de la nature en automne. Il ne savait comment remplir son *cœur*, comment exprimer toutes ses *sensations*. Quand il se promenait dans la campagne autour du *château*, il lui fallait peu de chose pour exciter son *imagination:* une *feuille* que le vent chassait devant lui, une *cabane* de bergers, un *étang*, les oiseaux de passage. Il invoquait les *orages* qui devaient l'emporter dans les espaces d'une autre vie. Il lui semblait qu'il aurait la puissance de créer des *mondes*.

_____

_____

_____

_____

_____

_____

_____

_____

_____

_____

_____

_____

_____

_____

EXERCICE 8

Write a short composition on one of the subjects below. Consult the reading text at the beginning of the chapter for suggestions on vocabulary, etc.

1. Parlez d'un sauvetage extraordinaire dont vous avez entendu parler, ou que vous avez vu au cinéma ou à la télévision.

2. L'eau, dit Saint-Exupéry, est la plus grande richesse qui soit au monde mais aussi la plus délicate. Nos sources d'eau pure sont-elles inépuisables? Comment sauver les nappes souterraines, les fleuves et les océans déjà pollués?

_____

_____

_____

_____

_____

_____

_____

_____

_____

_____

_____

Name _____ Date _____ Class _____

_____

_____

_____

_____

_____

Adverbs

EXERCICE 1

Complete the second sentence using the adverb that corresponds to the italicized adjective in the first sentence.

MODÈLE: Il y a un bruit *continuel* dans le sous-sol. J'entends ce bruit _____
J'entends ce bruit **continuellement**.

1. Robert est un garçon *sérieux*. Il fait toujours son travail _____

2. Les vendeuses de ce magasin sont très *polies*. Elles vous répondent très _____

3. Les soldats ont été *courageux*. Ils se sont défendus _____

4. Notre oncle d'Amérique est très *généreux*. Il traite toute sa famille_____

5. Il est *rare* que j'aille à Londres. En fait, j'y vais très _____

6. Vous êtes trop *sévère*. Je vous ai entendu parler à ces enfants beaucoup trop_____

EXERCICE 2

Answer each question using an adverb that expresses the opposite of the italicized adverb in the question.

MODÈLE: N'êtes-vous pas arrivé trop *tard*?
*Non, au contraire, je suis arrivé trop **tôt**.*

1. Ne trouvez-vous pas que Roger conduit trop *lentement*?

_____

2. Allez-vous *souvent* au cinéma?

_____

3. Cet auteur a-t-il écrit *beaucoup* de livres?

_____

4. Est-ce que vous habitez *loin* de New York?

_____

5. Êtes-vous *déjà* allé voir les Berl?

_____

6. David est-il *toujours* d'accord avec le président de la compagnie?

_____

EXERCICE 3

Rewrite each sentence using one of the adverbs given below. Do not use the same adverb more than once.

aujourd'hui	énormément	heureusement	rarement
constamment	facilement	hier	récemment
drôlement	gentiment	longuement	surtout

MODÈLE: Mon frère vient chez nous voir notre mère.
   *Mon frère vient **rarement** chez nous voir notre mère.*

1. Cet élève parle en classe.

_____

2. Après avoir écouté ma question, le conférencier m'a répondu.

_____

3. Attention! Tu as grossi ces derniers temps!

_____

4. La femme de Philippe lui demande de l'argent.

_____

5. C'est dimanche. Qu'est-ce que nous allons faire?

_____

6. On obtient tout de François si on lui parle.

_____

EXERCICE 4

Write a sentence with each of the following adverbs.

MODÈLE: ailleurs
  Tu m'ennuies. Va faire ce bruit ailleurs.

1. auparavant

  _____

2. autrefois

  _____

3. cependant

  _____

4. désormais

  _____

5. ensuite

  _____

6. néanmoins

  _____

7. parfois

  _____

8. partout

  _____

EXERCICE 5

Answer the following questions, using one of the negative words below. Do not use the same negative more than once.

aucun	jamais	pas	plus
guère	ni . . . ni	personne	rien

MODÈLE: Quand irez-vous en Chine?
  *Je **n'irai jamais** en Chine.*

1. Qui est entré dans la maison?

   _____

2. Qu'est-ce que tu as fait ce matin?

   _____

3. Monsieur Cabot a-t-il des parents?

   _____

4. Brigitte a-t-elle un chien?

   _____

5. Jacques a-t-il des devoirs à faire ce soir?

   _____

6. Votre secrétaire a-t-elle des responsabilités importantes?

   _____

EXERCICE 6

Substitute rien *for* **personne** *in each sentence.*

MODÈLE: Ces gens n'avaient entendu personne dans la rue.
*Ces gens n'avaient **rien** entendu dans la rue.*

1. Nous n'avons trouvé personne à notre retour.

   _____

2. Je n'ai vu personne dans la salle de séjour.

   _____

3. Le patron n'a jamais compris personne.

   _____

4. N'avez-vous oublié personne?

   _____

5. Jacques n'a amené personne chez nous.

   _____

6. Les invités n'ont regardé personne en entrant.

   _____

EXERCICE 7

The adverb aussi *is used at the beginning of each of the following sentences to mean* so *or* therefore. *Rewrite each sentence in colloquial French.*

MODÈLE: Jean s'est fâché contre son patron; aussi a-t-il perdu sa place.

PAR EXEMPLE: *Jean s'est fâché contre son patron; il a **donc** perdu sa place.* (ou)
*Jean s'est fâché contre son patron; **alors** il a perdu sa place.*

1. Je n'aime pas ce type; aussi n'irai-je pas entendre sa conférence.

   _____

2. Émilie n'est pas encore arrivée; aussi allons-nous manquer le train.

   _____

3. Cet artiste travaille vite; aussi peut-il vendre beaucoup de tableaux.

   _____

4. Simon ne comprenait rien à ce qui se passait; aussi était-il heureux.

   _____

5. Vous avez fait de la peine à Marie; aussi ne serez-vous plus invité chez elle.

   _____

6. J'ai voyagé toute la nuit; aussi me reposerai-je volontiers un peu.

   _____

EXERCICE 8

Write a short composition on one of the subjects below. Consult the reading text at the beginning of the chapter for suggestions on vocabulary, etc.

1. L'auteur a parcouru 1000 kms. à pied du nord au sud de la France à travers des régions peu fréquentées. Vous avez pu avoir, comme boy-scout ou girl-scout ou en sortant avec des amis, comme auto-stoppeur[1] même, l'expérience d'une grande marche ou d'un petit voyage. Racontez une aventure—réelle ou imaginaire—qui vous est arrivée.

_____
[1]hitchhiker

2. Vous avez un chien, un chat ou un autre animal (singe, perroquet, etc.). Dites ce que vous aimez, ce qui vous intéresse chez cette bête que vous aurez d'abord décrite.

_____

_____

_____

_____

_____

_____

_____

_____

_____

_____

_____

_____

_____

_____

_____

_____

_____

_____

_____

_____

_____

_____

Use of Tenses

EXERCICE 1

Answer each question, using the period of time indicated in parentheses.

MODÈLE: Depuis quand habitez-vous à Paris. (deux ans)
*J'habite à Paris **depuis deux ans**.*

1. Depuis combien de temps Pascal travaille-t-il chez Maxime? (quinze jours)

   _____

2. Il y a longtemps que Jacques est marié? (deux mois)

   _____

3. Depuis combien de temps attendez-vous l'autocar? (une heure)

   _____

4. Il y a longtemps que vous conduisez? (un mois)

   _____

5. Depuis quand avez-vous une télévision en couleur? (cinq ans)

   _____

6. Il y a longtemps que vous faites du violon? (trois ans)

   _____

EXERCICE 2

*Complete the sentence with a clause beginning with **quand**.*

MODÈLE: Quand irez-vous en France?

PAR EXEMPLE: *Nous irons en France quand nous aurons assez d'argent. (ou)*
Nous irons en France quand il fera plus chaud.

1. Quand est-ce que vous reviendrez nous voir?

   _____

2. Quand irez-vous voir le docteur?

   _____

3. Quand est-ce que les Martin partiront en vacances?

   _____

4. Quand est-ce que tu prendras l'avion pour le Mexique?

   _____

5. Quand pourrez-vous me rembourser mon argent?

   _____

6. Quand est-ce que vous allez retenir les places pour le théâtre?

   _____

EXERCICE 3

Fill in the blanks with the proper form of the verb used in the second clause.

MODÈLE: Marc a dit qu'il _____ mais il ne sortira pas.
   *Marc a dit qu'il **sortirait**, mais il ne sortira pas.*

1. J'ai dit que j' _____ à Londres, mais je n'irai pas cette année.

2. Nos voisins ont dit qu'ils _____ demain, mais ils ne reviendront pas.

3. Le libraire a dit qu'il nous _____ les livres cette semaine, mais il ne nous les enverra pas.

4. L'oncle Jules a dit aux enfants qu'il les _____ au cirque, mais il ne les y emmènera pas.

5. Jean-Pierre a dit qu'il _____ ce travail aujourd'hui, mais il ne le finira pas.

6. Monsieur Nicolas a dit qu'il _____ au golf cet après-midi, mais avec cette pluie il n'y jouera pas.

EXERCICE 4

Fill in the blanks with the correct form of the indicated verb.

MODÈLE: S'il _____ (neiger), je resterai à la maison.
         *S'il **neige**, je resterai à la maison.*

1. Si l'invention de monsieur Lépine réussit, il _____ (devenir) millionnaire.

2. Si tu _____ (être) gentil, tu ferais ce travail pour moi.

3. Si j'étais allé à la montagne, je _____ (passer) de meilleures vacances.

4. S'il neigeait, nous _____ (aller) faire du ski.

5. Je téléphonerai à Jacques si je ne _____ (recevoir) pas de lettre de lui demain.

6. Je serais sorti sans hésiter si la pièce me _____ (ennuyer).

7. Serge aurait tout dépensé si son oncle lui _____ (laisser) sa fortune.

EXERCICE 5

Complete each sentence. Be sure to use the proper form of the verb you choose.

MODÈLE: Si la guerre n'avait pas éclaté, nous _____.

PAR EXEMPLE: *Si la guerre n'avait pas éclaté, nous serions restés ici.* (ou)
                 Si la guerre n'avait pas éclaté, nous serions allés en Europe.

1. Si vous ne travaillez pas, vous _____

     _____

2. Nous aurions été contents si Nicole _____

     _____

3. Si les gens étaient moins égoïstes, ils _____

     _____

4. Je crois que si les Lafarge ne vous répondent pas, vous _____

     _____

5. Seriez-vous fâché si je _____

     _____

6. Si vous ne pouvez plus travailler dans cet emploi, vous _____

_____

7. Si vous aviez été parfaitement honnête, vous_____

_____

EXERCICE 6

Complete each sentence, using a verb in the pluperfect.

Modèle: Nous _____ déjà _____ quand le professeur est arrivé.

Par Exemple: *Nous **étions** déjà **partis** quand le professeur est arrivé. (ou)*
*Nous **avions** déjà **commencé** à faire nos devoirs quand le professeur est arrivé.*

1. Maurice _____ déjà _____ quand son frère s'est réveillé.

2. Nous _____ déjà _____ quand il a commencé à pleuvoir.

3. Les Rivière _____ déjà _____ quand nous sommes arrivés.

4. Vincent _____ déjà _____ son argent quand il a été volé.

5. Le patron _____ déjà _____ son bureau quand nous avons voulu le voir.

6. Henri _____ déjà _____ un billet pour le ballet quand il a reçu notre invitation.

EXERCICE 7

*Complete each sentence, using the **futur antérieur** (future perfect).*

Modèle: Je vous montrerai les photos quand vous _____.

Par Exemple: *Je vous montrerai les photos quand vous **aurez fini** votre travail. (ou)*
*Je vous montrerai les photos quand vous m'**aurez montré** les vôtres.*

1. Jacques vous prêtera sa moto dès que vous _____

_____

2. Nous vous parlerons de cette affaire après que vous_____

_____

3. Il faudra trouver un travail aussitôt que vous _____

_____

4. Nous pourrons partir dès que Suzanne _____

_____

5. Je vous donnerai la solution du problème quand vous _____

_____

6. Le patron voudrait vous voir dès que vous _____

_____

EXERCICE 8

Write a short composition on one of the subjects below. Consult the reading text at the beginning of the chapter for suggestions on vocabulary, etc.

1. Vous essayez de convaincre un ami ou une amie de faire quelque chose qui ne sera peut-être pas à son avantage (venir étudier à votre université, vous prêter une grosse somme d'argent, vous épouser). Présentez vos arguments[1] et prévenez les objections[2].

2. Les fabulistes, de la Fontaine à James Thurber et à Marcel Aymé, se servent beaucoup d'animaux pour illustrer leur morale et décrire leur société. Résumez une fable que vous avez trouvée particulièrement intéressante ou amusante.

_____

_____

_____

_____

_____

_____

_____

_____

_____

_____

_____

[1]reasons, points
[2]anticipate the objections

Personal Pronouns

EXERCICE 1

Respond to each command, using tu *or* vous *according to the person involved.*

Modèle: Demandez à votre professeur s'il est allé en France.
Monsieur, êtes-vous allé en France?

1. Demandez à votre ami Jacques s'il peut vous accompagner.

   _____

2. Dites à votre médecin que vous aimeriez le voir aujourd'hui.

   _____

3. Dites à votre patron que vous voulez le voir le plus tôt possible.

   _____

4. Demandez à votre ami Laurent s'il enverra son article au journal.

   _____

5. Dites à votre amie Sophie que vous la verrez ce soir chez les Ségur.

   _____

6. Demandez à Vincent si le livre qu'il lit lui appartient.

   _____

EXERCICE 2

Answer the following questions, using a disjunctive pronoun.

MODÈLE: Parlez-vous de nos voisins?

PAR EXEMPLE: *Non, je ne parle pas d'eux.* (ou)
Oui, je parle d'eux.

1. Est-ce que Jean est allé à Tours avec vous?

   _____

2. Pourrais-tu partir sans Janine?

   _____

3. Est-ce que tu te souviens de nos compagnons de voyage?

   _____

4. Pourrez-vous vous occuper des enfants ce week-end?

   _____

5. Est-ce à votre père que je dois m'adresser?

   _____

6. Avez-vous besoin de ma secrétaire pour taper votre rapport?

   _____

EXERCICE 3

Complete each sentence, using a double pronoun object.

MODÈLE: Je voulais acheter cette maison, mais le propriétaire . . .

PAR EXEMPLE: *Je voulais acheter cetter maison, mais le propriétaire ne **me l'**a pas vendue.* (ou)
*Je voulais acheter cette maison, mais le propriétaire n'a pas voulu **me la** vendre.*

1. Anne aurait montré la photo à Pierre, mais il _____

   _____

2. Jean aurait voulu expliquer les règles de l'accord à ses camarades, mais ils

   _____

3. Monsieur Mathieu aurait confié sa voiture à son fils, mais il _____

   _____

4. Alfred aurait présenté Frédéric à Marie, mais elle _____

   _____

5. Le patron aurait donné les clés à sa secrétaire, mais elle _____

_____

6. Monsieur Virieu aurait envoyé sa lettre de démission au président, mais il _____

_____

EXERCICE 4

Answer each question, using as many pronouns as possible.

MODÈLE: Est-ce que Pierre a donné des timbres à Henri?
  *Oui, il **lui en** a donné plusieurs.*

1. Est-ce que votre ami est arrivé à Londres avant-hier?

_____

2. Est-ce que vous avez parlé de cette affaire à Madame Clément?

_____

3. Avez-vous montré les diapositives à Gilbert et à Blanche?

_____

4. Le mari de Juliette est-il toujours à son bureau l'après-midi?

_____

5. Jeannot a-t-il montré ses devoirs à son père avant d'aller au cinéma?

_____

6. Avez-vous écrit aux Morel de vous rejoindre au Grand Hôtel?

_____

EXERCICE 5

Answer each question, using pronouns.

MODÈLE: Pensez-vous à vos enfants?
  *Oui, je pense à **eux**.*

1. Avez-vous répondu à la lettre?

   Non, _____

2. Ressemblez-vous à votre frère?

   Oui, _____

3. Avez-vous besoin d'une voiture?

   Non, _____

4. Faites-vous toujours attention aux voitures dans la rue?

   Oui, _____

5. Pourriez-vous me recommander à votre ami?

   Oui, _____

6. Les enfants d'Édouard obéissent-ils toujours à leurs parents?

   Non, _____

EXERCICE 6

Rewrite the following statements by using a command that has one or two pronoun objects.

MODÈLE: Voilà ma voiture. Jacques veut l'emprunter.
   *Amenez-**la-lui.***

1. Jacques aime le rock. J'ai les derniers disques.

   Donnez- _____

2. Puisque tu as reçu une lettre de Louis,

   montre- _____

3. Michel a besoin de connaître vos raisons.

   Dites- _____

4. Emmanuel a apporté son roman. Nous aimerions le connaître.

   Lisez- _____

5. Monsieur Guérin voudrait avoir les conseils de votre spécialiste.

   Indiquez- _____

6. Ta femme admire cette voiture de sport.

   Achète-_____

EXERCICE 7

Fill in the blanks with the appropriate personal pronouns.

L'écrivain Yves Berger, qui a écrit *Le Fou d'Amérique*, raconte cette anecdote sur Christophe Colomb.

   À son quatrième voyage, les tempêtes ont détruit ou endommagé les navires de Christophe Colomb quand _____ arrive à la Jamaïque en 1504. _____ y restera un an. Mais les Indiens, qui ont appris à _____ connaître, refusent de _____ nourrir, _____ et ses hommes.

   Mais Christophe Colomb a gardé avec _____ un almanach qui annonce une éclipse totale de la lune pour une nuit de février. _____ avertit le chef des Indiens qu(e) _____ vient de recevoir un message du Ciel: si les Indiens refusent de _____ donner des provisions, dit-_____, la lune mourra cette nuit. En effet, _____ disparaît dans d'épaisses ténèbres. Les Indiens, alarmés, courent à Colomb pour _____ demander grâce. _____ annonce qu(e) _____ a parlé au Tout-Puissant qui _____ a promis le retour de la lune si les Indiens s'engagent à toujours _____ livrer poissons, gibier[1] et maïs[2] à _____ et à ses hommes. Et la lune surgit[3] et les provisions arrivent.

_____

[1]game
[2]corn
[3]suddenly appears

EXERCICE 8

Write a short composition on one of the following subjects.

1. Parlez d'un navigateur célèbre qui vous a particulièrement intéressé.

2. Des grands hommes se voient souvent diminués par des critiques plus ou moins compétents. Expliquez pourquoi et donnez des exemples.

_____

_____

_____

_____

_____

_____

_____

_____

_____

_____

_____

_____

_____

_____

_____

_____

_____

Past Tenses in Narration

EXERCICE 1

Rewrite each sentence, changing the italicized verbs to the passé composé *or the* imperfect.

MODÈLE: Quand Robert *est* chez lui, il *lit* beaucoup.
Quand Robert **était** chez lui, il **lisait** beaucoup.

1. Je *crois* que Brigitte *cherche* un poste dans le gouvernement.

   _____

2. Soudain nous *entendons* un horrible bruit!

   _____

3. Comment *savez*-vous que Maurice *se marie?*

   _____

4. Tous les étés où nous *pouvons* louer le chalet des Dunand nous *partons* à la mer.

   _____

5. Quand les enfants *jouent* dehors, tout *est* très calme dans la maison.

   _____

6. Quand il *fait* beau, nous *faisons* une promenade.

   _____

EXERCICE 2

Answer each of the following questions, indicating that the subject of the sentence has already done what is asked.

MODÈLE: Finirez-vous ce roman demain?

PAR EXEMPLE: *Je l'ai fini hier. (ou) Je l'ai déjà fini.*

1. Est-ce que Robert fera réparer sa voiture?

   _____

2. Quand allez-vous parler au professeur?

   _____

3. Est-ce que Félix passera son baccalauréat cette année?

   _____

4. Verrez-vous prochainement la nouvelle pièce de Pinter?

   _____

5. Irez-vous bientôt voir les Montaigu?

   _____

6. Quand demanderas-tu la permission de partir jeudi?

   _____

EXERCICE 3

Incorporate each of the following activities into a sentence, using the imperfect or the passé composé.

MODÈLE: voir un ami canadien / hier

PAR EXEMPLE: *J'ai vu un ami canadien hier. (ou)*
              Quel ami canadien avez-vous vu hier?

1. travailler à la bibliothèque / tous les soirs

   _____

2. jouer au tennis / hier après-midi

   _____

3. se marier / le mois dernier

_____

4. aller à la pêche / tous les week-ends

_____

5. faire du ski / à Noël

_____

6. danser / toute la nuit

_____

EXERCICE 4

Tell a friend that you regularly did the following things. Incorporate the words in parentheses into a sentence.

MODÈLE: (regarder la télévision)

PAR EXEMPLE: *Je regardais la télévision tous les soirs.* (ou)
Je regardais la télévision quand il y avait un programme intéressant.

1. (aller en classe)

_____

2. (faire de la gymnastique)

_____

3. (bavarder avec mes amis)

_____

4. (se promener)

_____

5. (se coucher à minuit)

_____

6. (jouer aux cartes)

_____

EXERCICE 5

Write a short but connected composition, using the suggested verb forms in the indicated order in a past tense.

1. se lever	5. boire du chocolat
2. s'habiller	6. sortir
3. descendre	7. arriver
4. se mettre à table	8. commencer à travailler

_____

_____

_____

_____

_____

_____

_____

_____

_____

_____

EXERCICE 6

Rewrite the following anecdote, putting the italicized verbs in the imperfect or passé composé.

(Dans «Le petit fût[1]» Maupassant, un écrivain du dix-neuvième siècle, raconte l'histoire suivante.)

Maître Chicot, un aubergiste[2] normand, *veut* acheter la ferme de la mère[3] Magloire parce qu'il *possède* une terre voisine et *veut* l'agrandir. C'*est* un grand gaillard[4] roux et ventru[5]. La mère Magloire *est* âgée de 72 ans, sèche et ridée. Elle est née là, veut y mourir et refuse d'écouter maître Chicot. Celui-ci *trouve* enfin un moyen. Il *propose* de lui donner 50 pièces d'or par mois jusqu'à sa mort. La ferme serait alors à lui. La mère Magloire *est* tentée. Méfiante[6], elle *consulte* un avocat. Elle *discute, prétend* qu'elle *va* bientôt mourir mais elle ne *résiste* pas à l'idée de 50 pièces par mois sans rien faire et l'affaire *est* faite.

Trois ans après, la bonne femme *se porte* comme un charme et maître Chicot *se désespère*. Il ne *peut* tout de même pas l'étrangler[7]. Il *croit* qu'elle *se moque* de lui. Enfin, un jour il *a* une idée. Il l'*invite* à dîner. Elle *est* sobre et *mange* peu mais elle *accepte* un petit verre d'eau-de-vie[8] car il *fait* froid. L'aubergiste lui *donne* un petit fût. «C'est comme du lait, dit-il, ça passe comme du sucre, ça s'évapore sur la langue. C'est bon pour la santé.» La vieille *emporte*[9] la fût. Il lui en *apporte* d'autres et encore d'autres. Elle *prend* l'habitude de boire un peu trop. Cela lui *joue*[10] un mauvais tour. Elle *meurt* dans la neige un soir d'hiver. «Quel malheur!,» *dit* Maître Chicot. «Sans cette habitude, elle aurait pu vivre dix ans de plus.»

_____

_____

_____

_____

_____

_____

_____

_____

_____

_____

_____

_____

_____

_____

_____

_____

---

[1]small barrel
[2]innkeeper
[3]Dame; Old Lady
[4]hale and hearty fellow
[5]pot-bellied
[6]suspicious
[7]strangle
[8]brandy
[9]carries off
[10]plays a bad trick

_____

_____

_____

_____

EXERCICE 7
_____

Write a short composition on one of the subjects below. Consult the reading text at the beginning of the chapter for suggestions on vocabulary, etc.

1. Simenon parle de son père qui avait une situation modeste mais se trouvait heureux dans l'accomplissement de son travail. Faites le portrait de votre père ou d'un autre membre de votre famille réel ou imaginaire que vous admirez pour une raison ou pour une autre.

2. Vous envisagez d'entrer dans un métier[1] ou, plus probablement, dans une profession libérale. Qu'est-ce qui vous pousse dans cette voie? Quelles satisfactions en attendez-vous? Vous pouvez vous livrer à votre fantaisie.

_____

_____

_____

_____

_____

_____

_____

_____

_____

_____

_____

_____

_____

[1]trade

Possessives

EXERCICE 1

Answer each question, using a possessive adjective that corresponds to the clue in parentheses.

MODÈLE: Quel chien aboie? (le nôtre)
    Notre *chien aboie.*

1. Quels sont ces livres sur la table? (les miens)

   _____

2. Quelle maison est en face de l'église? (la leur)

   _____

3. Quelle adresse cherchez-vous? (la sienne)

   _____

4. Quelle solution est la meilleure? (la vôtre)

   _____

5. Quelle voiture prendrons-nous? (la mienne)

   _____

6. Quelle radio fait tout ce bruit? (la sienne)

   _____

EXERCICE 2

Answer each question, using à + disjunctive pronoun *to express possession.*

MODÈLE: Est-ce que ce livre est le vôtre?
*Oui, il est **à moi.***

1. Est-ce que ces gants sont à M. Benoît?

   _____

2. Est-ce que cette belle villa est la vôtre?

   _____

3. Est-ce que ce collier est à Antoinette?

   _____

4. Est-ce que ces bagages sont aux nouveaux arrivés?

   _____

5. Est-ce que ces tableaux sont vraiment les tiens?

   _____

6. Est-ce que ces clés sont à Jean-Claude?

   _____

EXERCICE 3

Fill in the blanks with the appropriate possessive pronoun.

MODÈLE: Est-ce votre dictionnaire? Non, _____ est chez moi.
*Non, **le mien** est chez moi.*

1. Est-ce que ce sont les enfants de votre voisin? Non, _____ sont à l'école.

2. Avez-vous rapporté mes photos? Non, _____ ne sont pas encore prêtes.

3. Veux-tu que je mette ta lettre à la poste? Non merci, _____ n'est pas encore finie.

4. Hubert a-t-il pris des billets? Oui, mais _____ sont pour jeudi.

5. Est-ce que cette auto verte est à votre frère? Non, _____ est rouge.

6. Est-ce que cette place est pour moi? Oui, c'est _____.

EXERCICE 4

Using the three words given, form a sentence in the passé composé. *Include the reflexive indirect object where appropriate.*

MODÈLE: Michel / couper / doigt
Michel s'est coupé le doigt.

1. je / ouvrir / yeux

   _____

2. qui / lever / main

   _____

3. nous / se boucher[1] / oreilles

   _____

4. Jeanne / casser / bras

   _____

5. le chien / dresser[2] / oreilles

   _____

6. l'enfant / gratter[3] / tête

   _____

---

[1]stop up, cover
[2]raise
[3]scratch

EXERCICE 5

Answer one of the following questions by writing a short composition on the subject mentioned. Consult the reading text at the beginning of the chapter for suggestions on vocabulary, etc.

1. Quels sont les buts que se proposent ceux qui font des fouilles[1], comme dans le texte, ou, de façon plus générale, les archéologues?

---

[1]**font des fouilles** excavate

2. Un sport très pratiqué en France, surtout dans le sud-ouest où il y a beaucoup de grottes,[2] est la spéléologie, c'est-à-dire justement l'exploration des grottes. Quel intérêt, quel plaisir les fervents de ce sport peuvent-ils y trouver?

_____

_____

_____

_____

_____

_____

_____

_____

_____

_____

_____

_____

_____

_____

_____

_____

_____

_____

_____

---

[2]caverns

Participles

EXERCICE 1

Complete each sentence by filling in the blank with the past participle of the infinitive indicated in parentheses. NOTE: All the past participles in this exercise are irregular.

MODÈLE: Avez-vous (comprendre) ce que j'ai dit?
*Avez-vous **compris** ce que j'ai dit?*

1. Avez-vous _____ (lire) le règlement avec soin?

2. Je crois que vous avez beaucoup _____ (plaire) à Madame de Biéron.

3. Cet homme a évidemment trop _____ (boire).

4. Il a _____ (devoir) passer trop de temps au café.

5. Avez-vous _____ (voir) les nouvelles constructions sur le quai?

6. Les d'Urville ont longtemps _____ (vivre) au-dessus de leurs moyens.

EXERCICE 2

Write a sentence in the **passé composé** *using the subject given and the correct form of the verb indicated in parentheses.*

MODÈLE: Tous mes paquets (tomber) . . .

PAR EXEMPLE: *Tous mes paquets **sont tombés** quand je suis sorti du magasin.* (ou) *Tous mes paquets **sont tombés** parce que j'en avais trop.*

1. Cet enfant (naître) _____

_____

2. Nous (marcher) _____

_____

3. Les employés (sortir) _____

_____

4. Le petit chat (mourir) _____

_____

5. Tout le monde (rester) _____

_____

6. Les gens (courir) _____

_____

EXERCICE 3

React to the statement, using a passé composé *and a pronoun object, as in the model.*
Make the agreement of the past participle where appropriate.

MODÈLE: Jean vient d'écrire une lettre à son oncle.
   Comment! Il l'a déjà écrite!

1. Lucien vient de faire une proposition de mariage à Monique.

_____

2. Les enfants viennent d'ouvrir les cadeaux de Noël.

_____

3. Les Morel ont mis leur fille en pension.

_____

4. Avec l'aide de quelques amis je repeins la maison.

_____

5. Le mari de Simone vient de boire la bouteille de porto qu'on leur avait donnée.

_____

6. Je viens de lire ce roman de mille pages que vous m'avez prêté.

_____

EXERCICE 4

Answer each question with a sentence in the passé composé.

MODÈLE: Quand les enfants se couchent-ils? Ils . . .

PAR EXEMPLE: *Hier ils **se sont couchés** à minuit.* (ou)
*Ils **se sont couchés** en rentrant à la maison.*

1. Quand est-ce que Georges partira?

   Il _____

2. Est-ce que les ouvriers se mettront en grève?

   Ils _____

3. Pourquoi est-ce que tu te fâches à ce sujet?

   Je _____

4. Vos amis reviendront-ils bientôt d'Espagne?

   Ils _____

5. Christian et Odette s'amusent-ils beaucoup à nos soirées?

   Ils _____

6. Tu t'intéresses à ces recherches depuis longtemps?

   Oui, je _____

EXERCICE 5

Rewrite each sentence using en + present participle.

MODÈLE: J'ai rencontré Judith quand j'entrais dans la bibliothèque.
*J'ai rencontré Judith **en entrant** dans la bibliothèque.*

1. Nous nous sommes aperçus de notre erreur quand nous sommes arrivés au bureau.

   _____

2. Lorsqu'elle est sortie de la maison, Valérie a vu une grande foule dans la rue.

   _____

3. Quand j'ai joué au golf hier après-midi, je me suis fait mal au dos.

_____

4. Pierre a la mauvaise habitude de lire quand il déjeune.

_____

5. Robert s'est cassé la jambe quand il est descendu de l'autobus.

_____

6. Quand je vous ai quitté, je croyais que tout s'arrangerait.

_____

EXERCICE 6

Write a short composition on one of the subjects below. Consult the reading text at the beginning of the chapter for suggestions on vocabulary, etc.

1. Le grand-père du narrateur était un homme très doué[1] qui pouvait apparemment prédire[2] l'avenir. Croyez-vous que cela soit donné à certaines personnes? Croyez-vous aux voyantes[3], puisque ce sont généralement les femmes qui ont ce don?

2. L'astrologie établit que la conjonction des astres à la naissance détermine le caractère, la destinée d'une personne. Beaucoup de gens en font[4] grand cas. Y croyez-vous? Certains croient deviner dans les astres la destinée des nations. Mentionnez des hommes d'état qui ne faisaient rien sans consulter leurs astrologues.

_____

_____

_____

_____

_____

_____

_____

_____

_____

_____

---

[1]gifted
[2]foretell
[3]fortune tellers
[4]**font grand cas** strongly believe

Name _____ Date _____ Class _____

_____

_____

_____

_____

_____

_____

_____

_____

_____

_____

Demonstratives

EXERCICE 1

Rewrite each sentence so that the italicized words are replaced by a demonstrative adjective or pronoun.

Modèle: Jean parle de *la voiture de son grand-père.*

Par Exemple: *Jean parle de* **cette voiture**.

1. Êtes-vous monté sur *la colline qui est près du fleuve?*

   _____

2. *Les livres que vous avez achetés* coûtent trop cher.

   _____

3. Vous pourriez vous coucher à *l'hôtel au coin de la rue.*

   _____

4. Comment trouvez-vous *la robe rouge de sa femme?*

   _____

5. Connaissez-vous *les gens qui habitent en face de chez vous?*

   _____

6. Aimes-tu *la sculpture qu'on vient de placer devant la mairie?*

   _____

EXERCICE 2

Complete the second sentence using a demonstrative pronoun.

Modèle: Tu peux te servir de ma voiture. Je prendrai . . .

Par Exemple: *Je prendrai **celle** de Roger.* (ou)
*Je prendrai **celle** qui vient d'être réparée.*

1. Mettez-vous dans ce bon fauteuil.

   Je me mettrai _____

2. Nous allons voir des appartements.

   Je louerai _____

3. Il y a deux candidats pour ce poste.

   Nous préférons _____

4. Il y a de beaux tableaux dans cette exposition.

   J'aime _____

5. Ces deux théories de l'origine de l'homme m'intéressent.

   Je penche en faveur de _____

6. Il y avait plusieurs magazines illustrés en vente.

   J'ai acheté _____

EXERCICE 3

React to each statement. Begin your sentence with a demonstrative pronoun.

Modèle: Plusieurs élèves ne sont pas venus en classe aujourd'hui.

Par Exemple: ***Ceux** qui ne viennent pas devront faire du travail supplémentaire.* (ou) ***Ceux** qui ne viennent pas le regretteront.*

1. Ces gens ont des chiens qu'ils laissent courir partout.

   _____

2. Deux voyous[1] ont arraché[2] le sac de cette vieille dame.

   _____

---

[1]hoodlums
[2]snatched

3. Nos voisins ne vont jamais à l'église.

_____

4. Les vendeuses de cette boutique sont impertinentes.

_____

5. Ces ouvriers sont très souvent absents de leur travail.

_____

6. Ces hommes politiques promettent de diminuer les impôts s'ils sont élus.

_____

EXERCICE 4

In each of the following sentences one noun is repeated. Rewrite the sentence changing the repeated noun to a demonstrative pronoun.

MODÈLE: La moto d'Henri coûte deux mille dollars mais la moto de Gilbert coûte beaucoup moins cher.
*La moto d'Henri coûte deux mille dollars mais **celle** de Gilbert coûte beaucoup moins cher.*

1. Avez-vous vu le film qui passe au Rex? Non, mais j'ai vu le film qui passe à la Régence.

_____

2. Prenez vos affaires mais ne prenez pas les affaires de votre collègue.

_____

3. L'avion de New York est arrivé mais l'avion de Chicago est en retard.

_____

4. Les pilules du Dr Raton sont bonnes pour le foie mais les pilules du Dr Lechat sont tranquillisantes.

_____

5. L'intelligence de Claude est grande mais l'intelligence d'Alain est supérieure.

_____

6. Vos renseignements étaient utiles mais les renseignements de l'agence étaient plus précis.

_____

EXERCICE 5

Rewrite each sentence using the French equivalent of "former" and "latter."

MODÈLE: Jean et Marie sont frère et sœur. Jean aime les mathématiques; Marie aime les langues étrangères.
*Jean et Marie sont frère et sœur. **Celle-ci** aime les langues étrangères, **celui-là** aime les mathématiques.*

1. Ginette et Béatrice sont deux sœurs jumelles[1]. Ginette est brune; Béatrice est blonde.

   _____

2. Les Clavel et les Dubos sont nos voisins. Les Clavel sont toujours en voyage; les Dubos ne sortent jamais de chez eux.

   _____

3. L'église est à côté de la banque. L'église ressemble à une banque et la banque ressemble à une église. (Denis de Rougemont)

   _____

4. Nous servirons du vin blanc et du vin rouge aux invités. Nous servirons le vin blanc avec le poisson et le vin rouge avec le rôti.

   _____

5. La Côte d'Azur et la Côte d'Argent sont deux très belles régions. La Côte d'Azur est sur la Méditerranée, la Côte d'Argent est sur l'Atlantique.

   _____

6. Turner et Monet sont deux grands peintres de style impressionniste. Turner est anglais et Monet est français.

   _____

_____
[1]twins

EXERCICE 6

Answer each question with a sentence beginning with ce.

MODÈLE: Qui est cette personne?

PAR EXEMPLE: *C'est mon ami.* (ou) *C'est la mère de Roland.*

1. Quels sont ces jeunes gens?

   _____

2. Quelle est la jeune fille qui veut visiter la maison?

_____

3. Qui a téléphoné tout à l'heure?

_____

4. Quels sont ces hommes en uniforme orange?

_____

5. Qui vient d'arriver?

_____

6. Qui est-ce qui chante si joliment?

_____

EXERCICE 7

Answer each question with a sentence beginning with c'est.

Modèle: Pourquoi regardez-vous ce programme à la télé?

Par Exemple: ***C'est*** *amusant.* (ou) ***C'est*** *parce qu'il m'intéresse.*

1. Partez-vous demain?

   Non, c'est _____

2. Pourquoi fais-tu une tête pareille?

   C'est _____

3. Pourquoi vous intéressez-vous à ces gens-là?

   C'est _____

4. Fais-tu ces exercices tous les jours?

   Non, c'est _____

5. Pourquoi gardez-vous cette secrétaire incapable?

   C'est _____

6. Aimeriez-vous écouter ce concerto?

   Non, c'est _____

EXERCICE 8

Fill in the blanks with an appropriate demonstrative.

Le Loup et l'agneau[1]

Un agneau buvait l'eau pure d'un ruisseau[2]. Un loup survint, que la faim attirait en _____ endroit.

«Qui te rend si hardi[3] de troubler l'eau que je bois?» dit _____ animal plein de rage. _____ qui font _____ doivent être punis de leur témérité[4].

— Sire, répond l'agneau, _____est impossible que je trouble votre eau puisque je bois à vingt pas au-dessous de vous.

— Tu la troubles, reprit _____ bête cruelle. Et puis, je sais _____ que tu as dit de mal sur moi l'année dernière.

— Comment aurais-je pu faire _____? Je n'étais pas né.

— Si _____ n'est pas toi, _____ est donc ton frère.

— Je n'en ai pas.

— _____ est donc quelqu'un des tiens. D'ailleurs, _____ de ton village, vos bergers[5] et vos chiens, vous ne m'épargnez[6] pas.

Et le loup emporte _____ agneau innocent au fond des forêts et le mange.

Morale de _____ fable: la raison du plus fort est toujours la meilleure.

(D'après une petite fable bien connue de La Fontaine, écrivain du dix-septième siècle)

---

[1]lamb
[2]brook
[3]bold
[4]boldness
[5]shepherds
[6]spare

EXERCICE 9

Answer one of the following questions by writing a short composition on the subject mentioned. Consult the reading text at the beginning of the chapter for suggestions on vocabulary, etc.

1. Jérôme Bastide n'avait pas seulement brûlé la Joconde mais avait détruit quelques autres des plus célèbres peintures du Louvre. Quels sont vos tableaux préférés, anciens ou modernes, et pourquoi les admirez-vous?

2. Pourquoi voit-on beaucoup d'artistes installés devant les chefs-d'œuvre des musées, en train de les copier? Faites à ce sujet quelques réflexions sur la création artistique.

_____

_____

_____

_____

_____

_____

_____

_____

_____

_____

_____

_____

_____

_____

_____

_____

_____

_____

_____

Relative Pronouns

EXERCICE 1

Choose the correct relative pronoun from those given in parentheses and write it in the blank provided.

MODÈLE: La voiture _____ (qui, que, quoi) j'ai achetée n'est pas neuve.
La voiture **que** *j'ai achetée n'est pas neuve.*

1. _____ (qui, que, ce qui, ce que) vous faites est abominable!

2. Le sujet sur _____ (qui, que, quoi, lequel, ce que) le conférencier va parler ne m'intéresse pas.

3. La personne à _____ (qui, lesquelles, quoi, que) vous parliez est un vieil ami.

4. _____ (ce que, qui, lequel, ce qui, quoi) me serait utile c'est un bon livre sur les échecs.

5. La neige _____ (que, quoi, qui, laquelle) est tombée cet après-midi sera vite fondue.

6. La vitesse à _____ (quoi, lequel, laquelle, qui) Georges fait ses calculs est incroyable.

EXERCICE 2

Complete the following sentences.

MODÈLE: Dites-moi tout ce que vous . . .

1. Montrez-moi tout ce que Jacques _____

2. Donnez-moi tout ce qui _____

3. Parlez-nous de tout ce que Marguerite _____

4. Rappelez-moi encore une fois tout ce qui _____

5. Vincent a écrit à tes parents tout ce que tu _____

6. Indiquez-leur tout ce qui _____

EXERCICE 3

Combine each group of two sentences, using dont. Make any necessary changes.

MODÈLE: Nous avons des amis. Leur maison est dans un autre quartier.
*Nous avons des amis **dont la** maison est dans un autre quartier.*

1. C'est un jeune peintre. J'aime son style.

   _____

2. Voilà une histoire extraordinaire. Je n'en crois pas un mot.

   _____

3. C'est un bon roman. J'ai oublié son titre.

   _____

4. Richard est un bon avocat. Son père est aussi avocat.

   _____

5. C'est un homme puissant. Ses parents étaient très pauvres.

   _____

6. On a trouvé un candidat. Sa femme s'intéresse aussi à la politique.

   _____

EXERCICE 4

Answer each question using où, meaning "when."

MODÈLE: Quel jour Cécile est-elle arrivée?

Name _____ Date _____ Class _____

PAR EXEMPLE: *Elle est arrivée le jour **où** il a tant neigé. (ou)*
*Elle est arrivée le jour **où** son père est tombé malade.*

1. Quelle année avez-vous obtenu votre diplôme?

   _____

2. Quel mois avez-vous eu votre accident?

   _____

3. Quelle semaine vos amis doivent-ils arriver?

   _____

4. Quel jour viendras-tu nous voir?

   _____

5. Quelle année Suzanne et Robert se sont-ils mariés?

   _____

6. Quel jour as-tu quitté ton travail?

   _____

EXERCICE 5

Combine the clauses on the left with those on the right to create sentences. Use the appropriate relative pronoun.

MODÈLE: *Je ne sais pas à quoi vous pensez.*

1. Vous avez vu	ce que	nous serons ce week-end
2. Je ne sais pas à	que	est très optimiste
3. J'ai pris le journal	ce qui	on appelle un mirage
4. J'ai vu le docteur Tanmieux	quoi	vous pensez
5. Le jeune homme avec	qui	m'ennuie beaucoup
6. Ne dites à personne	où	ce monsieur a laissé
7. Ce monsieur est toujours en retard	lequel	Thérèse sort ne me plaît pas

1. _____

2. _____

3. _____

4. _____

5. _____

6. _____

EXERCICE 6

Fill in the blanks with the appropriate relative pronoun.

Les Animaux malades de la peste[1]

Un mal _____ répand[2] la terreur, la peste _____ le ciel inventa
pour punir les crimes de la terre, faisait la guerre aux animaux. Leur roi, le lion, con-
voque ses sujets et dit qu'il fallait que le plus coupable se sacrifie pour obtenir la guéri-
son[3] commune. Il rappela _____ l'histoire nous apprend pour obtenir ainsi
l'indulgence divine.

— Que chacun dise _____ il a fait de condamnable. Moi, par exemple, j'ai
dévoré des moutons _____ ne m'avaient rien fait. J'ai même quelquefois
mangé le berger.

— Sire, dit le renard, la sincérité avec _____ vous parlez est admirable, mais
vos scrupules font voir trop de délicatesse, vous êtes trop bon roi. Vous avez fait beaucoup d'honneur aux moutons _____ vous avez mangés. Quant aux bergers
_____ vous parlez et _____ veulent nous dominer, ils ne méri-
taient pas mieux!

Les flatteurs applaudirent les paroles par _____ le renard justifiait le lion.
On n'osa pas trop examiner de près les offenses _____ le loup, le tigre et l'ours
avaient commises. Un âne vint à son tour. Un jour _____ il avait faim, il avait

---

[1]plague
[2]spreads
[3]healing

mangé un peu d'herbe tendre dans un pré[4] _____ il passait. Tous les animaux s'exclamèrent aussitôt qu'il fallait sacrifier ce maudit[5] animal d'où venait tout le mal, _____ fut fait sans tarder.

Morale: Selon que vous serez puissant ou misérable, vous serez jugé innocent ou coupable.

(Une fable d'après La Fontaine)

_____

[4]meadow
[5]cursed

EXERCICE 7

Write a short composition on one of the subjects below. Consult the reading text at the beginning of the chapter for suggestions on vocabulary, etc.

1. Vous êtes assez jeunes pour avoir entendu parler des années de contestation, en 1960 et après, sur les campus des universités. Quelles étaient les revendications des étudi-ants et qu'en est-il résulté? Ces manifestations continuent, moins violentes, soit en France, soit ailleurs. Quelles en sont les causes?

2. Contestations et protestations peuvent parfois mener aux révolutions. Parlez d'une révolution qui vous intéresse (en France en 1789, dans les colonies américaines en 1776, en Russie en 1917, ou d'une révolution à venir ici ou ailleurs).

_____

_____

_____

_____

_____

_____

_____

_____

_____

_____

_____

_____

_____

_____

_____

_____

_____

_____

_____

The Subjunctive

EXERCICE 1

The following sentences recount daily happenings. Say whether or not you want them to happen, using verbs such as vouloir, préférer *and* espérer.

MODÈLE: Simone viendra demain.

PAR EXEMPLE: *Je ne veux pas qu'elle vienne demain. (ou)*
Je préfère qu'elle ne vienne pas demain. (ou)
J'espère qu'elle viendra demain.

1. Marc fera ce voyage bientôt.

    _____

2. Claude dira son opinion.

    _____

3. Anne-Marie fera du cheval ce week-end.

    _____

4. L'article du journaliste paraîtra demain.

    _____

5. Les Leduc repartiront dimanche.

    _____

6. Les enfants iront au cinéma après l'école.

    _____

EXERCICE 2

Indicate (1) you are sure, and (2) not sure of each of the following statements.

MODÈLE: Pierre ira en Afrique.

PAR EXEMPLE: *Je suis sûr(e) que Pierre ira en Afrique.*
Je ne suis pas sûr(e) que Pierre ira (ou aille) en Afrique.

1. Jacques sait ce qu'il faut faire.

   _____

   _____

2. Antoine et Odette se marieront bientôt.

   _____

   _____

3. Les choses vont beaucoup mieux.

   _____

   _____

4. Les ministres des deux pays se mettront d'accord.

   _____

   _____

5. Jean-Pierre sera heureux avec Juliette.

   _____

   _____

6. Le patron comprendra votre point de vue.

   _____

   _____

EXERCICE 3

Rewrite each of the following sentences in the affirmative.

MODÈLE: Nicole n'est pas certaine que Julien soit au Canada.
Nicole est certaine que Julien est au Canada.

1. Je ne crois pas que vous soyez très malade.

   _____

2. Pensez-vous que Marie-Christine puisse partir toute seule?

   _____

3. Croyez-vous que François réusisse à son examen?

   _____

4. Le docteur ne croit pas qu'il y ait une seule possibilité de sauver Albert.

   _____

5. Ce savant n'est pas certain qu'il y ait des hommes sur d'autres planètes.

   _____

6. Je ne suis pas sûr que tu fasses tes leçons avec soin.

   _____

EXERCICE 4

Complete each of the following sentences.

MODÈLE: Je partirai bien que Jean-Paul . . .

PAR EXEMPLE: *Je partirai bien que Jean-Paul soit malade. (ou)*
Je partirai bien que Jean-Paul ne le veuille pas. (ou)
Je partirai bien que Jean-Paul reste ici.

1. Nous arriverons avant que Roland _____

   _____

2. Je ferai tout ce que vous voudrez pourvu que Louise_____

   _____

3. Henri ne pourra pas trouver de travail à moins que son père _____

   _____

4. Il faudrait que vous partiez maintenant pour que votre femme _____

   _____

5. Claire viendra nous aider à condition que Roger _____

   _____

6. Nous avons pu terminer cette affaire sans que nos amis _____

_____

EXERCICE 5

Complete each of the following sentences.

MODÈLE: Je cherche un médecin qui . . .

PAR EXEMPLE: *Je cherche un médecin qui soit compétent.* (ou)
Je cherche un médecin qui aille voir ses malades chez eux.

1. Nous cherchons un interprète qui _____

_____

2. Ces touristes voudraient un guide qui _____

_____

3. Pouvez-vous m'indiquer une clairvoyante qui _____

_____

4. Je désire acheter une voiture qui _____

_____

5. Connaissez-vous un architecte qui _____

_____

6. Laure voudrait épouser un homme qui _____

_____

EXERCICE 6

Fill in the blanks with a verb that fits the meaning of the sentence.

MODÈLE: Est-il possible que Marc _____ avant-hier?

PAR EXEMPLE: *Est-il possible que Marc **ait fini son travail** avant-hier?* (ou)
*Est-il possible que Marc **soit arrivé** avant-hier?* (ou)
*Est-il possible que Marc **vous ait parlé** avant-hier?*

1. Il est certain que Jean _____ demain.

2. Il est important que vous _____ avant de partir.

3. Il est curieux qu'un ami comme Michel _____ depuis un mois.

4. Il est incroyable que Claude _____ sans dire au revoir.

5. Il est probable que les Monnet _____ sans nous tenir au courant.

6. Il est préférable que tu _____ tout de suite.

EXERCICE 7

Change demain *to* hier *and make other appropriate changes in the following sentences.*

MODÈLE: Je doute que Jean fasse ce travail demain.
   *Je doute que Jean **ait fait** ce travail **hier.***

1. Mes parents regrettent que vous ne veniez pas demain.

   _____

2. J'ai peur que le garagiste ne puisse pas réparer votre voiture demain.

   _____

3. Les Morel s'étonnent que leurs invités ne s'en aillent pas demain.

   _____

4. Je crains que vous ne compreniez pas la discussion demain.

   _____

5. Ce serait dommage que mon neveu ne reçoive pas ce cadeau demain.

   _____

6. Je doute que Richard fasse cette démarche[1] demain.

   _____

_____
[1]take that step

EXERCICE 8

Fill in the blanks by replacing the infinitives with the correct form of the verb indicated in parentheses. The verb will be in the indicative or the subjunctive.

(La marquise de Sévigné vivait à la cour de Louis XIV au dix-septième siècle. Elle écrivait des lettres qui l'ont rendue célèbre. Voici une anecdote d'après une lettre à un de ses amis, un ambassadeur, Monsieur de Pompone.)

Il faut que je vous _____ (dire) une petite histoire, espérant qu'elle pourra vous divertir. Le roi s'occupe depuis peu à faire des vers. Deux courtisans lui apprennent comment[1] s'y prendre, quoiqu'eux-mêmes ne _____ (être) pas trop habiles. Il a fait l'autre jour un petit madrigal qu'il ne trouva d'ailleurs pas trop joli, bien qu'il _____ (passer) assez de temps à l'écrire.

Un matin, il dit au vieux maréchal de Grammont:

«Monsieur le maréchal, je vous prie, j'aimerais que vous _____ (lire) ce petit poème. Je crois qu'il _____ (être) très mauvais. Depuis que l'on sait que j' _____ (aimer) ce genre, on m'en apporte de toutes sortes.»

Le maréchal, après l'avoir lu, dit au roi: «Sire, Votre Majesté juge divinement bien de toutes choses. Il est vrai que ce _____ (être) le madrigal le plus ridicule qu'on _____ (pouvoir) écrire.»

Le roi se mit à rire et lui dit: «N'est-ce pas vrai que celui qui l'a fait est un sot[2]?»

— Sire, il n'y a pas moyen de lui donner un autre nom.

— Oh bien! dit le roi, je suis ravi que vous m'en _____ (parler) si franchement; c'est moi qui l'ai fait.

— Ah! Sire, quelle trahison. Que Votre Majesté me le _____ (rendre), je l'ai lu trop vite.

— Non, monsieur le maréchal, les premiers sentiments sont toujours les plus naturels.

Le roi a beaucoup ri de cette folie et tout le monde trouve que voilà la plus cruelle petite chose qu'on _____ (pouvoir) faire à un vieux courtisan.

Pour moi, qui aime toujours faire des réflexions, je voudrais que le roi en _____ (faire) aussi et qu'il _____ (juger) par là combien il est loin de connaître la vérité.

---

[1] **comment s'y prendre** how to go about it
[2] fool

EXERCICE 9

Write a short composition on one of the subjects below. Consult the reading text at the beginning of the chapter for suggestions on vocabulary, etc.

1. Sartre parle de la formation des États-Unis, de la fondation des «villes-campements.» Aujourd'hui encore les Américains se déplacent[1] beaucoup pour diverses raisons, psychologiques, climatiques, économiques. Quels sont les avantages et les inconvénients de ce développement?

2. Parlez d'une des villes les plus intéressantes des États-Unis, aux points de vue architectural, géographique, culturel, politique . . .

_____

_____

_____

_____

_____

_____

_____

_____

_____

_____

_____

_____

_____

_____

_____

_____

_____

_____

_____

[1]move around

The Article

EXERCICE 1

Answer each of the following questions negatively, using the direct object of the question as the subject of the answer.

Modèle: As-tu acheté de la crème?

Par Exemple: *Non, **la crème** coûte trop cher.* (ou)
             *Non, **la crème** n'est pas bonne pour la santé.*

1. As-tu visité des musées pendant ton voyage?

_____

2. Voulez-vous du fromage?

_____

3. Les Français boivent-ils du lait avec leurs repas?

_____

4. Vous prendrez bien du melon?

_____

5. As-tu vu des pièces de théâtre cet hiver?

_____

6. Avez-vous mangé des champignons de la forêt?

_____

EXERCICE 2

Answer the following questions, using the word in parentheses in your answer.

MODÈLE: Quand vas-tu en Floride? (hiver)
*Je vais en Floride **en hiver.***

1. Quand pars-tu pour l'Europe? (mai)

   _____

2. Quand vas-tu laver ton linge? (lundi)

   _____

3. Quel jour de la semaine les gens vont-ils à l'église? (dimanche)

   _____

4. Quand est-ce que cet accident est arrivé? (vendredi, 13 avril)

   _____

5. Quand est la fête nationale de la France? (14 juillet)

   _____

6. Quel jour vas-tu au cinéma cette semaine? (mardi)

   _____

EXERCICE 3

Tell what time of day you do each of the following.

MODÈLE: se lever
Je me lève à sept heures.

1. prendre le petit déjeuner
2. commencer à travailler
3. déjeuner
4. aller se promener
5. écouter les informations à la télévision
6. se coucher

1. _____
2. _____
3. _____
4. _____

5. _____

6. _____

EXERCICE 4

Fill in the blanks with the appropriate word where necessary.

MODÈLE: Traduisez ces phrases _____ français.
         *Traduisez ces phrases **en** français.*

1. Où avez-vous appris _____ russe?

2. Parlez-vous _____ allemand?

3. Parlez-vous _____ bien français?

4. Agnès lit _____ espagnol sans difficulté.

5. Avec des signes, on peut tout exprimer _____ chinois.

6. J'étudie _____ grec moderne depuis un an.

EXERCICE 5

Fill in the blanks with an appropriate word where necessary.

MODÈLE: Dites-moi où est rue Molière.
         *Dites-moi où est **la** rue Molière.*

1. Nous sommes _____ Paris depuis huit jours.

2. Nous nous promenions le long _____ boulevard Saint-Germain.

3. Avec la sécheresse[1] les haricots verts coûtent 10 francs _____ kilo.

4. Comment peut-on faire vivre sa famille si on gagne seulement cinq dollars _____ heure?

5. Promets-moi de ne pas faire plus de 90 kilomètres _____ heure sur l'autoroute.

6. Le fils de notre voisin fait un bruit effroyable avec sa moto au moins deux fois _____ jour.

---
[1]dry spell

EXERCICE 6

React to each statement by exclaiming: **Ah! elle/il est** + *profession.*

MODÈLE: Madame Lacaze est une bonne avocate.
— *Ah! elle est avocate!*

1. Le docteur Minard est un excellent cardiologue.

   _____

2. Nicole est une couturière[1] originale.

   _____

3. Michel est un professeur médiocre.

   _____

4. Marc est programmeur.

   _____

5. Bernard Leblanc est pâtissier.

   _____

6. Georgette Delorme est ingénieur chez Renault.

   _____

_____
[1]seamstress

EXERCICE 7

Fill in the blanks with the appropriate word where necessary.

Le bon brahmin

Pendant mon voyage _____ Inde, _____ année dernière, j'ai rencontré un vieux brahmin, _____ homme fort sage, plein d'esprit et très savant. Il était de plus très riche et ne manquait de rien. Près de sa maison, sur _____ même route, vivait une vieille femme, bigote[1], bête et assez pauvre.

_____
[1]devout

_____ brahmin avait voyagé _____ Europe, avait été _____ Paris et parlait _____ français. Il me dit un jour: «Quel malheur d'être né! J'étudie depuis quarante ans et ce sont quarante années de perdues. J'enseigne _____ autres et j'ignore tout. Je ne sais même pas pourquoi j'existe. Cependant on me pose chaque jour des questions sur tout. Il faut répondre; je parle beaucoup et je suis honteux de moi-même après avoir parlé. C'est pire quand on me demande d'où vient Brahma et s'il est éternel. Dieu sait que ne j'en sais pas un mot. «Ah! révérend père, me dit-on, apprenez-nous pourquoi le mal domine toute _____ terre.» Je suis aussi embarrassé que ceux qui me posent _____ question. Accablé[2] de mon ignorance, je suis près de tomber quelquefois dans _____ désespoir.»

L'état de cet homme me fit de la peine. Je compris que plus il avait d'intelligence et de sensibilité, plus il était malheureux.

Je vis _____ même jour _____ vieille femme _____ voisinage. Elle n'avait jamais réfléchi un seul moment sur un seul _____ points qui tourmentaient _____ brahmin. Elle croyait en Brahma. Pourvu qu'elle ait parfois de l'eau _____ Gange pour se laver, elle se croyait _____ plus heureuse _____ femmes. _____ peu d'argent qu'elle gagnait _____ jour lui suffisait pour vivre.

Frappé _____ bonheur de cette créature, je revins voir _____ philosophe et je lui dis: «Brahmin! n'êtes-vous pas honteux d'être malheureux quand il y a, à votre porte, une vieille femme, un automate, qui ne pense à rien et qui vit contente?»

«Vous avez raison,» me répondit-il, «je me suis dit cent fois que je serais heureux si j'étais aussi sot[3] que ma voisine, et cependant je ne voudrais pas d'un tel bonheur.»

(D'après Voltaire, le grand écrivain du dix-huitième siècle)

_____

[1]devout
[2]overwhelmed
[3]stupid

EXERCICE 8

Write a short composition on one of the subjects below. Consult the reading text at the beginning of the chapter for suggestions on vocabulary, etc.

1. Un grand nombre de chanteurs ou de chanteuses dans des genres différents sont devenus célèbres aussi aux États-Unis pour leurs proclamations politiques et sociales. Parlez d'un d'entre eux. Ou bien, parlez d'un de vos groupes musicaux préférés.

2. La notion de bonheur est relative, comme le dit Brassens. Quels sont les éléments, réels ou imaginaires, qui feraient de vous un homme ou une femme vraiment heureux?

_____

_____

_____

_____

_____

_____

_____

_____

_____

_____

_____

_____

_____

_____

_____

_____

_____

_____

_____

Indefinite Nouns

EXERCICE 1

In each of the following sentences a noun is used in a general sense. Ask if the person speaking wants some of the item indicated.

MODÈLE: J'aime beaucoup le café.
   Voulez-vous que je vous donne du café?

1. J'admire les fleurs de votre jardin.

   _____

2. J'aime beaucoup les gâteaux.

   _____

3. La crème est dans le frigidaire.

   _____

4. Le rhum est bon dans le coca-cola.

   _____

5. Le lait chaud nous ferait du bien.

   _____

6. Les romans policiers me passionnent.

   _____

EXERCICE 2

Rewrite each sentence so that the adjective indicated in parentheses modifies the italicized noun. Make any necessary changes.

MODÈLE: J'ai vu des *enfants* sur la plage. (beau)
*J'ai vu **de beaux** enfants sur la plage.*

1. On trouve des *restaurants* tout le long de la route. (bon)

   _____

2. En Touraine il y a partout des *jardins*. (joli)

   _____

3. Leur chien mange de la *viande*. (frais)

   _____

4. Il y a une *boutique* rue Mercière. (élégant)

   _____

5. Il y a continuellement des *alertes*. (faux)

   _____

6. Il ne faut pas s'occuper des *détails*. (insignifiant)

   _____

EXERCICE 3

Rewrite each sentence using the indicated adjective of quantity.

MODÈLE: Michel a déjà des livres. (beaucoup)
*Michel a déjà **beaucoup de** livres.*

1. Jeannot mange de la glace. (trop)

   _____

2. Monique gagne-t-elle de l'argent? (assez)

   _____

3. Il y aura des pommes cette année. (peu)

   _____

4. Il faudrait de la lumière dans la salle de séjour. (plus)

_____

5. Tu devrais fumer du tabac turc. (moins)

_____

6. Je connais des gens intéressants. (peu)

_____

EXERCICE 4

Answer each question using the nouns in parentheses. Write an affirmative response, using the first two nouns and a negative response using the last one.

MODÈLE: As-tu mis des mouchoirs dans la valise? (chemises, chaussettes, slips)
J'ai mis des chemises et des chausettes dans la valise, mais je n'y ai pas mis de slips.

1. Avez-vous vu des renards dans la forêt? (lapins, chiens, cerfs[1])

_____

_____

2. As-tu acheté des épinards au marché? (artichauts, haricots verts, champignons)

_____

_____

3. Gérard a-t-il vendu des voitures cette semaine? (motocyclettes, scooters, bicyclettes)

_____

_____

4. Avez-vous cherché des romans dans la bibliothèque? (pièces, essais, poèmes)

_____

_____

5. Aurons-nous des crêpes pour le déjeuner? (pain grillé, œufs, confiture)

_____

_____

---

[1]deer

6. Avez-vous trouvé des lettres dans la boîte? (revues, réclames[2], journaux)

_____

_____

---

[2]advertising

EXERCICE 5

Ask whether someone needs the items mentioned.

MODÈLE: des timbres
  ***Avez-vous besoin de** timbres?*

1. des cigarettes _____

2. du sucre _____

3. des chocolats _____

4. des jumelles[1] _____

5. de la crème _____

6. du papier alu[2] _____

---

[1]binoculars   [2]aluminum foil

EXERCICE 6

Answer each question, beginning your reply with the phrase indicated.

MODÈLE: Y a-t-il des moustiques dans votre chambre? Oui, ma chambre est pleine . . .
  *Oui, ma chambre est pleine **de moustiques.**[1]*

1. Y a-t-il de la poussière[2] sur la table?

   Oui, la table est couverte _____

2. Y a-t-il des spectateurs dans le théâtre?

   Oui, le théâtre est rempli _____

---

[1]mosquitoes
[2]dust

3. Y a-t-il des fautes dans le devoir de Raoul?

   Oui, son devoir est plein _____

4. Y a-t-il des murs autour de votre maison?

   Oui, notre maison est entourée _____

5. Y a-t-il du blé dans ce bateau?

   Oui, ce bateau est chargé _____

6. Y a-t-il de la neige dans la campagne?

   Oui, la campagne est recouverte _____

EXERCICE 7

Rewrite each sentence, changing avec to sans and making any other necessary changes.

MODÈLE: Micheline est revenue avec des cadeaux.
        Micheline est revenue sans cadeaux.

1. Les Anglais prennent leur thé avec du sucre.

   _____

2. Est-ce que Jacques est venu avec ses diapositives[1]?

   _____

3. M. Jourdan ne sort jamais avec une canne.

   _____

4. Allons-nous manger ces œufs avec des croissants?

   _____

5. Georges est parti avec des indications précises.

   _____

6. Ton appartement serait mieux avec des tableaux.

   _____

_____
[1]slides

EXERCICE 8

Answer each question negatively.

MODÈLE: Est-ce que ce sont des mécaniciens?
Non, ce ne sont pas des mécaniciens.

1. Est-ce que ce sont des étudiants?

_____

2. Est-ce que ce sont des Japonais?

_____

3. Est-ce que ce sont des catholiques?

_____

4. Est-ce que c'est du caviar?

_____

5. Est-ce que c'est du champagne?

_____

6. Est-ce que ce sont des journalistes?

_____

EXERCICE 9

Answer each question using at least two of the suggested items.

MODÈLE: Qu'avez-vous à la main? (papier, crayons, stylo)
J'ai des crayons et du papier à la main.

1. Qu'avez-vous acheté? (chemises, mouchoirs, gants)

_____

2. Quels meubles voulez-vous dans votre chambre? (chaises, tables, lampes)

_____

3. Qu'allez-vous envoyer à Monique? (fleurs, chocolats, bibelots[1])

_____

---

[1]odds and ends

4. Qu'allez-vous cueillir dans le bois? (fraises, framboises, mûres[2])

_____

5. Qu'avez-vous mangé chez les Michelin? (crevettes[3], huîtres[4], steaks, petits pois)

_____

6. Qu'est-ce que vous avez trouvé dans ce magasin? (tableaux, céramiques, étoffes[5])

_____

_____

[2]blackberries
[3]shrimp
[4]oysters
[5]fabrics

EXERCICE 10

Write a short composition on one of the subjects below. Consult the reading text at the beginning of the chapter for suggestions on vocabulary, etc.

1. Faites la description de la maison de vos rêves, intérieur et extérieur.
2. L'héroïne du conte de Maurois se moque de cette histoire de revenant[1]. Croyez-vous aux revenants? Racontez quelques faits troublants que vous avez connus à ce sujet ou que vous avez lus ou que vous avez vus au cinéma.

_____

_____

_____

_____

_____

_____

_____

_____

_____

_____

_____

[1]ghost

_____

_____

_____

_____

_____

_____

_____

_____

_____

_____

_____

_____

_____

The Passive Voice and the Causative Construction

EXERCICE 1

Answer each question in the passive, using the words in parentheses as the agent.

Modèle: Qui a attaqué ce vieillard? (des voleurs)
*Ce vieillard **a été attaqué par** des voleurs.*

1. Qui écrira cette lettre? (le directeur)

   _____

2. Qui a envoyé ce paquet? (nos amis de Toronto)

   _____

3. Qui fera cette conférence? (un grand spécialiste)

   _____

4. Qui a vendu tous leurs meubles? (sa femme)

   _____

5. Qui avait acheté cette vieille voiture? (des jeunes gens)

   _____

6. Qui a coupé le cerisier[1]? (le petit Georges)

   _____

_____
[1]cherry tree

EXERCICE 2

Rewrite each sentence, using **on** *as the subject.*

MODÈLE: L'usine a été fermée.
   On *a fermé l'usine.*

1. La lettre sera mise à la poste demain.

   _____

2. Cette revue est vendue dans tous les kiosques.

   _____

3. Les murs de la salle de séjour avaient été repeints l'année dernière.

   _____

4. Ce musée sera ouvert au début de l'automne.

   _____

5. Le dîner a été servi sur la terrasse.

   _____

6. La motocyclette de Nicolas a été volée cette nuit.

   _____

EXERCICE 3

Answer each question, using the passive voice.

MODÈLE: Par qui ce livre a-t-il été écrit?
   Ce livre **a été écrit** *par Dumas.*

1. Par qui la leçon sera-t-elle expliquée?

   _____

2. Par qui la télévision sera-t-elle réparée?

   _____

3. Par quoi la maison a-t-elle été détruite?

   _____

4. Par qui l'orchestre sera-t-il dirigé?

   _____

5. Par qui la guerre a-t-elle été déclarée?

   _____

6. Par qui Simone était-elle accompagnée?

   _____

EXERCICE 4

Answer each question, using a reflexive construction to express a passive idea.

MODÈLE: Est-ce qu'on porte ça en hiver? Oui, . . .
   *Oui, ça **se porte** en hiver.*

1. Est-ce qu'on dit cela dans la bonne société?

   Non, _____

2. Est-ce qu'on peut manger le poulet avec les doigts?

   Oui, _____

3. Est-ce qu'on fabrique ces objets à la machine?

   Oui, _____

4. Est-ce qu'on vend ces manteaux de fourrure[1] meilleur marché au Canada?

   Oui, _____

5. Est-ce qu'on écrit le nom du président avec deux "t"?

   Oui, _____

6. Est-ce que ça se fait en France?

   Non, _____

_____
[1]fur

EXERCICE 5

Answer each question, saying that you are not doing what was asked but that you are having it done by someone else.

MODÈLE: Avez-vous réparé votre voiture?
          Non, je l'ai fait[*] réparer.

1. Est-ce que vous raccommoderez[1] votre manteau?

   _____

2. Est-ce que Madame de Rochebois élève elle-même ses enfants?

   _____

3. Est-ce que tu m'enverras tous ces livres?

   _____

4. Est-ce que Laure fait ses robes elle-même?

   _____

5. Avez-vous nettoyé[2] la maison?

   _____

6. Est-ce que le président écrit lui-même ses discours?

   _____

---

[*]When followed by an infinitive, the past participle of the verb *faire* does not agree with a preceding direct object.
[1]mend
[2]clean

EXERCICE 6

Answer each question, saying that you are not doing what was asked but that you are having it done by the person indicated in parentheses.

MODÈLE: Avez-vous arrosé[1] les plantes? (jardinier)
          Non, je les ai fait arroser par le jardinier.

1. Avez-vous emballé[2] les cadeaux? (ma mère)

   _____

---

[1]water
[2]wrap

2. Préparez-vous le petit déjeuner vous-même? (mes enfants)

_____

3. Est-ce que vous tapez votre thèse? (mon mari)

_____

4. Construirez-vous votre cheminée avec Pierre? (un entrepreneur[3])

_____

5. Avez-vous lu les règlements aux nouveaux employés? (le sous-directeur)

_____

6. Avez-vous préparé les projections pour votre causerie[4]? (mon assistant)

_____

---

[3]contractor
[4]talk

EXERCICE 7

Write a short composition on one of the subjects below. Consult the reading text at the beginning of the chapter for suggestions on vocabulary, etc.

1. La jeune Cécile ne veut pas travailler pour son baccalauréat qui lui ouvrirait la porte de l'université en vue d'un diplôme professionnel. Croyez-vous qu'une éducation poussée soit nécessaire pour réussir dans la vie? Quelles autres qualités faut-il avoir?

2. Quelles sortes de relations particulières s'établissent souvent dans les familles entre le père et la fille, la mère et le fils? Parlez de situations que vous avez pu observer, dont vous avez entendu parler ou que vous imaginerez.

_____

_____

_____

_____

_____

_____

The Verb *Devoir*

EXERCICE 1

Write what the subject of the sentence should do if he or she finds him- or herself in each of the following situations.

MODÈLE: Vous êtes dehors et il commence à pleuvoir.

PAR EXEMPLE: *Je devrais mettre mon imperméable.* (ou)
Je devrais me mettre[1] à l'abri.

1. Il est midi et j'ai faim.

   _____

2. Nos hôtes ne se rendent pas compte qu'il fait trop chaud dans l'appartement.

   _____

3. Isabelle veut aller au Brésil mais elle ne sait pas le portugais.

   _____

4. Nous sommes au milieu de la rue quand une voiture arrive trop vite.

   _____

5. Jeannot voudrait une bicyclette mais il n'a pas d'argent.

   _____

6. Une auto m'éclabousse[2] et me salit.

   _____

---

[1]**se mettre à l'abri** take shelter
[2]splashes

EXERCICE 2

Write what the subject of the sentence should have done to avoid the predicament in which he or she finds him- or herself.

MODÈLE: L'étudiant rencontre son professeur dans la rue et il ne lui dit rien.

PAR EXEMPLE: *Il aurait dû lui dire bonjour.* (ou) *Il aurait dû le saluer.*

1. Votre père vous a demandé ce que vous avez fait et vous avez menti.

   _____

2. Frédérique est malade parce qu'elle a fait trop de jogging.

   _____

3. Monsieur Lemaire a eu un accident parce qu'il conduisait aprés avoir trop bu.

   _____

4. Claude est venu en classe sans avoir appris sa leçon.

   _____

5. On a dit du mal de notre ami Serge dans la réunion et nous n'avons pas protesté.

   _____

6. L'avion avait six heures de retard et la compagnie ne m'a pas prévenu.

   _____

EXERCICE 3

What must the subject of the sentence do in each of the situations below?

MODÈLE: Micheline voit que sa cuisine est en feu.

PAR EXEMPLE: *Elle doit y jeter de l'eau.* (ou)
              Elle doit appeler les pompiers.[1]

1. Nous travaillons, la nuit tombe et il est difficile de lire.

   _____

---
[1]fireman

2. Nous rentrons à la maison. Il a plu et nos vêtements sont trempés.[2]

_____

3. Un de vos amis est accusé de vol. Vous savez qu'il est innocent.

_____

4. Vous avez reçu des amis à dîner. Il est minuit et tout est en désordre.

_____

5. Vous devez être à l'aéroport dans une heure. La personne qui devait vous y amener n'est pas encore venue et le temps presse.

_____

6. Vous vous rendez compte que votre camarade de chambre ne va pas bien du tout.

_____

_____

[2]soaked

EXERCICE 4

What must be the explanation for the following situations?

Modèle: Caroline dépense tant d'argent.

Par Exemple: *Elle doit être riche.* (ou)
Elle doit avoir beaucoup d'argent.

1. Paul passe tant de temps devant la télévision.

_____

2. Les voisins sortent tous les jours à six heures du matin.

_____

3. Alain rentre toutes les nuits à trois heures du matin.

_____

4. M. Perret marche avec une canne.

_____

5. Les parents de Louis l'ont envoyé en Italie.

_____

6. Les enfants ne sont pas revenus à la maison tout de suite après le cinéma.

_____

EXERCICE 5

What must have happened to cause the situations described below?

Modèle: Monsieur Joyeux n'est pas encore arrivé au bureau.

Par Exemple: _Il a dû manquer le train._ (ou)
Il a dû avoir un accident. (ou)
Il a dû tomber[1] en panne.

1. La voiture ne marche plus.

_____

2. Yves n'est jamais revenu chez nous.

_____

3. Daniel n'a plus d'argent.

_____

4. Yvette ne parle plus à François.

_____

5. Roland ne vient plus à l'usine.

_____

6. Michel n'a pas son portefeuille[2] sur lui.

_____

_____

[1]**tomber en panne** have a breakdown
[2]billfold

EXERCICE 6

The verb "must" may be expressed by using two other constructions instead of a form of the verb devoir. _Rewrite each of the following sentences using a form of (1)_ être obligé + _infinitive and (2)_ il faut que.

MODÈLE: Nous devons aller à la clinique.

PAR EXEMPLE: (1) *Nous sommes obligés d'aller à la clinique.*
(2) *Il faut que nous allions à la clinique.*

1. J'ai dû travailler toute la journée avec Charles.

   _____

   _____

2. Tu dois téléphoner à Monsieur Lafarge tout de suite.

   _____

   _____

3. Nous devons partir à deux heures si nous voulons arriver à temps.

   _____

   _____

4. On doit fermer la porte quand on sort.

   _____

   _____

5. Je dois vous quitter maintenant.

   _____

   _____

6. Martine a dû se dépêcher pour arriver à neuf heures.

   _____

   _____

EXERCICE 7

Write a short composition on one of the subjects below. Consult the reading text at the beginning of the chapter for suggestions on vocabulary, etc.

1. Parlez des explorations françaises au Canada, de la colonisation, de la lutte contre les Anglais, des traditions qui restent aujourd'hui, de la situation linguistique, de l'avenir de ce pays.

2. Parlez de l'histoire des États-Unis depuis l'arrivée des colons au dix-septième siècle, des aspirations de ceux-ci, de leurs luttes pour arriver à faire de ce pays ce qu'il est aujourd'hui.

_____

_____

_____

_____

_____

_____

_____

_____

_____

_____

_____

_____

Prepositions

EXERCICE 1

Answer each question negatively, substituting the place indicated in parentheses.

MODÈLE: Vas-tu en France cet été? (Canada)
*Non, je vais **au Canada**.*

1. Avez-vous déjà été au Danemark? (Suède)

   _____

2. Serez-vous en Espagne en septembre? (Portugal)

   _____

3. Les Levain sont-ils en Europe maintenant? (Afrique du Nord)

   _____

4. Irez-vous à Bâton Rouge pour Mardi gras? (Nouvelle-Orléans)

   _____

5. Faites-vous construire une maison d'été à Cannes? (Nice)

   _____

6. Le docteur Bréger habite-t-il maintenant en Algérie? (Maroc)

   _____

EXERCICE 2

Combine the columns to create sentences. Use the preposition à *or* de *when necessary.*

MODÈLE: *Beaucoup de gens refusent* **de** *sortir le soir dans les rues.*

1. Beaucoup de maris préfèrent

2. Beaucoup de gens refusent

3. Quand te décideras-tu

4. Comment ce magicien a-t-il réussi

5. Un bon professeur doit

6. Même si on ne reconnaît pas vos mérites, il faut continuer

7. Les collègues de Jean-Paul sont jaloux de lui et voudraient l'empêcher

réussir dans sa nouvelle fonction

bien faire votre travail

aider ses élèves

passer les soirées chez eux

sortir le soir dans les rues

acheter une télévision en couleur

sortir de la cage

1. _____

2. _____

3. _____

4. _____

5. _____

6. _____

7. _____

EXERCICE 3

Substitute the italicized verb by a form of the verb in parentheses. If the verb requires a preposition before an infinitive, use it.

MODÈLE: Nous *avons cessé* d'apprendre le chinois. (vouloir)
Nous **avons voulu** *apprendre le chinois.*

1. Les ouvriers *ont commencé* à travailler. (refuser)

2. Nous *avons appris* à jouer au bridge. (décider)

   _____

3. Mon partenaire a *promis* de signer ce document. (oublier)

   _____

4. Est-ce que Paulette *veut* venir avec vous? (hésiter)

   _____

5. Je n'*ose* pas discuter avec le patron. (aimer)

   _____

6. J'*espère* gagner assez d'argent dans cette affaire. (essayer)

   _____

EXERCICE 4

Answer each of the following questions, using a preposition followed by an infinitive as in the model.

Modèle: Qu'est-ce que vous avez conseillé à Marc?

Par Exemple: *J'ai conseillé à Marc d'aller voir le médecin.* (ou)
J'ai conseillé à Marc de chercher du travail.

1. Qu'est-ce que l'architecte a dit au propriétaire?

   _____

2. Qu'est-ce que Janine vient d'écrire à Gilberte?

   _____

3. Qu'est-ce que M. Belhomme a promis à ses enfants?

   _____

4. Qu'est-ce que Marie-Chantal a demandé à son fiancé?

   _____

5. Qu'est-ce que M. Ledoux a défendu à ses employés?

   _____

6. Qu'est-ce que le père de Jacques a permis à l'ami de son fils?

   _____

EXERCICE 5

Complete each sentence with a clause introduced by an infinitive.

MODÈLE: Il est prudent . . .

PAR EXEMPLE: *Il est prudent de regarder avant de traverser la rue. (ou)*
Il est prudent de ne pas faire d'excès. (ou)
Il est prudent de mettre un chapeau par ce froid.

1. Il est intéressant _____

_____

2. Il est logique _____

_____

3. Il est absurde _____

_____

4. Il est important _____

_____

5. Il est triste _____

_____

6. Il est facile _____

_____

EXERCICE 6

Each sentence indicates that one action is performed before another one. Rewrite the sentence so that the subject performs the action after having done something else.

MODÈLE: Nous lui avons téléphoné avant de finir ce rapport.
*Nous lui avons téléphoné **après avoir fini** ce rapport.*

1. Jean ira en Italie avant d'apprendre l'italien.

_____

2. Prends des vacances avant de faire ce travail.

_____

3. Suzanne est allée voir ses parents avant de prendre une décision.

_____

4. Lave-toi les mains avant de déjeuner.

_____

5. Je me marierai avant de terminer mes études.

_____

6. Écrivez-moi avant d'aller à Paris.

_____

EXERCICE 7

Write a short composition on one of the subjects below. Consult the reading text at the beginning of the chapter for suggestions on vocabulary, etc.

1. Simone de Beauvoir parle de sa détermination, dès le plus jeune âge, de devenir écrivain. Vous sentez-vous vous-même appelé(e) à quelque carrière? Laquelle?

2. Parlez d'une philosophie qui vous intéresse (hédonisme, stoïcisme, pragmatisme, existentialisme, etc.). Ou bien, quelle est votre «philosophie» personnelle?

_____

_____

_____

_____

_____

_____

_____

_____

_____

_____

_____

Problem Prepositions

EXERCICE 1

Complete each sentence to illustrate the different meaning of the italicized words.

MODÈLE: a. Il pleut *depuis* . . .
        Il pleut depuis ce matin.
     b. Je ne vais plus chez Richard *depuis que* . . .
        Je ne vais plus chez Richard depuis qu'il a refusé de me voir.

1. a. Je vous verrai *après* _____

   b. Je vous verrai *après que* nous _____

2. a. Venez *avant* _____

   b. Venez *avant que* je _____

3. a. Je ne partirai pas à *cause de* _____

   b. Jean-Pierre n'a pas réparé sa voiture *parce que* _____

4. a. Travaillez *jusqu'à* _____

   b. Travaillez *jusqu'à ce que* _____

5. a. Ses parents ont fait tout cela *pour* _____

   b. Solange n'a pas téléphoné *car* _____

6. a. Philippe dort *depuis* _____

   b. Philippe dort *depuis que* _____

   c. Philippe dort *puisque* _____

EXERCICE 2

Write a sentence illustrating the use of each of the following prepositions.

1. au sujet de   3. vers   5. d'après
2. environ   4. selon   6. le long de

1. _____

2. _____

3. _____

4. _____

5. _____

6. _____

EXERCICE 3

Circle the preposition in parentheses that best fits the meaning of each sentence.

1. Tout est payé dans ce voyage en Europe (avec, sans, sauf) la traversée en avion.

2. Henri a travaillé à ce livre (depuis, pendant, pour) des années.

3. (Avec, Malgré, Sans) ses protestations, je suis sûr qu'il est coupable.

4. Tu ferais mieux de m'aider (au lieu de, avant de, pour) me regarder les mains dans les poches.

5. Son attitude (après, envers, vers) ses parents est incompréhensible.

6. Je pourrais mettre ma petite valise (avec, dans, sous) le siège.

EXERCICE 4

Fill in the blanks with the appropriate equivalent for "with". Put an X in the blank if no preposition is used.

Modèle: Combien de temps avez-vous passé _____ les Beaufort?
        *Combien de temps avez-vous passé **chez** les Beaufort?*

1. Michel étudie _____ enthousiasme.

2. Mon collègue a la mauvaise habitude de travailler _____ les pieds sur son bureau.

3. Avez-vous remarqué ce grand jeune homme _____ cheveux roux?

4. Bernard est très amoureux _____ Renée.

5. Marie-Christine a habité _____ son amie Véronique pendant le voyage de ses parents.

6. J'espère que vous n'êtes pas mécontent _____ mon travail.

EXERCICE 5

Make a sentence saying in what part of the day you do each of the following.

Modèle: se lever
Je me lève le matin.

1. se coucher
2. dormir
3. aller au théâtre
4. lire
5. se reposer
6. dîner

1. _____

2. _____

3. _____

4. _____

5. _____

6. _____

EXERCICE 6

Fill in the blanks with the appropriate word for "in". Put an X in the blank if no preposition is used.

Modèle: Nous avons une télévision _____ la cuisine.
*Nous avons une télévision **dans** la cuisine.*

1. Je ne peux pas vous aider maintenant, mais je serai à vous _____ une heure.

2. Combien de temps faut-il pour faire ce travail? Pas longtemps. Je pourrai le faire _____ une demi-heure.

3. Je vais souvent au cinéma _____ l'après-midi.

4. Le docteur a répondu à mes questions _____ une façon brusque.

5. On parle beaucoup français _____ Maroc et _____ Algérie.

6. Je me suis réveillé à deux heures _____ matin.

EXERCICE 7

Write a short composition on one of the subjects below. Consult the reading text at the beginning of the chapter for suggestions on vocabulary, etc.

1. Quelle est l'importance relative du chemin de fer, des camions et de l'automobile pour l'industrie et le tourisme? Pourquoi l'automobile est-elle préférée pour le tourisme?

2. Parlez des étapes de la Communauté européenne, de l'unification, depuis le Marché Commun au tunnel sous la Manche.[1] Quels sont les pays participants?

_____

_____

_____

_____

_____

_____

_____

_____

_____

_____

_____

---

[1]channel

Name _____ Date _____ Class _____

_____

_____

_____

_____

_____

_____

_____

_____

_____

_____

_____

_____

Interrogatives

PATTERN 1—**Quel** + Noun

The sentences in this exercise are statements. From these statements, make questions beginning with some form of quel, *as in the model.*

MODEL: Je regarde les photos de notre voyage en Europe.
      Quelles photos regardez-vous?

1.	3.	5.	7. ......
2.	4.	6.	8. ......

PATTERN 2—**Quel est** . . . ? **Quels sont** . . . ?

From the statements in this exercise, make questions beginning with the proper form of Quel est . . . , *as in the model.*

MODEL: Paris est la capitale de la France.
      Quelle est la capitale de la France?

1.	3.	5.	7. ......
2.	4.	6.	8. ......

PATTERN 3—**Qui** as the Subject of the Sentence

Each sentence in the exercise tells what someone did. Make a question by asking who did what was done, as in the model.

MODEL: Jeanne arrive demain.
      Qui arrive demain?

1.	3.	5.	7. ......
2.	4.	6.	8. ......

109

PATTERN 4—**Qui** as the Object of the Sentence

Each statement in this exercise has a noun object. Make a question from each statement, asking who the object of the sentence was, as in the model.

MODEL: J'ai interrogé les élèves après la classe.
  ***Qui** avez-vous interrogé après la classe?*

1.	3.	5.	7. ......
2.	4.	6.	8. ......

PATTERN 5—**Qui** as the Object of a Sentence with a Noun Subject

Each statement in this exercise has a noun subject and a noun object. Make a question from each statement, asking who the object of the sentence was, as in the model.

MODEL: Les ouvriers attendent leur patron.
  ***Qui** les ouvriers attendent-ils?*

1.	3.	5.	7. ......
2.	4.	6.	8. ......

PATTERN 6—**Qu'est-ce qui** as the Subject of the Sentence

Each statement in this exercise has a thing as the subject. Ask what this thing is, as in the model.

MODEL: Un livre est sur la table.
  ***Qu'est-ce qui** est sur la table?*

1.	3.	5.	7. ......
2.	4.	6.	8. ......

PATTERN 7—**Que** as the Object of the Sentence

The object of each of the following statements is a thing. Ask what the thing is, using Que . . . , as in the model.

MODEL: Marie fait son travail.
 　　　　Que *fait Marie?*

1.	3.	5.	7. ......
2.	4.	6.	8. ......

PATTERN 8—**Qu'est-ce que** as the Object of the Sentence

The object of each of the following statements is a thing. Ask what the thing is, using Qu'est-ce que . . . , as in the model.

MODEL: Sylvie a écrit un roman pendant ses vacances.
 　　　　Qu'est-ce que *Sylvie a écrit pendant ses vacances?*

1.	3.	5.	7. ......
2.	4.	6.	8. ......

PATTERN 9—**Lequel**

The following are groups of two sentences. Say the first one and change the second to a logical question. Use a form of lequel, as in the model.

MODEL: Voici trois stylos. Je veux celui-ci.
 　　　　Voici trois stylos. **Lequel** *voulez-vous?*

1.	3.	5.	7. ......
2.	4.	6.	8. ......

PATTERN 10—Definitions with **Qu'est-ce que** . . .

Using Qu'est-ce que . . . , ask for a definition of each of the following nouns.

MODEL: (le capitalisme) ***Qu'est-ce que*** *le capitalisme?*

1. ......   3. ......   5. ......   7. ......
2. ......   4. ......   6. ......   8. ......

PATTERN 11—Definitions with **Qu'est-ce que c'est que** . . .

Using Qu'est-ce que c'est que . . . , ask for a definition of each of the following nouns.

MODEL: (le capitalisme) ***Qu'est-ce que c'est que*** *le capitalisme?*

1. ......   3. ......   5. ......   7. ......
2. ......   4. ......   6. ......   8. ......

Adjectives

PATTERN 1—Feminine of Adjectives

The sentences in this exercise consist of a statement and a question. Answer the question asserting that the subject is of the same nature as the subject of the statement.

MODEL: Le bureau est grand. Et la lampe?
*La lampe est **grande** aussi.*

1.	5.	9.	12. ......
2.	6.	10.	13. ......
3.	7.	11.	14. ......
4.	8.		

PATTERN 2—**beau**

The sentences in this exercise have a noun object. Change the sentence so that the proper form of beau modifies this noun object.

MODEL: J'ai visité une ville.
*J'ai visité une **belle** ville.*

1.	5.	8.	11. ......
2.	6.	9.	12. ......
3.	7.	10.	13. ......
4.			

PATTERN 3—**nouveau**

The sentences in this exercise have a noun object. Change the sentence so that the proper form of nouveau modifies this noun object.

MODEL: J'ai acheté un costume.
      *J'ai acheté un **nouveau** costume.*

1.	3.	5.	7. ......
2.	4.	6.	8. ......

PATTERN 4—vieux

The sentences in this exercise have a noun object. Change the sentence so that the proper form of vieux *modifies this noun object.*

MODEL: Nous avons vu cette ville.
      *Nous avons vu cette **vieille** ville.*

1.	4.	7.	10. ......
2.	5.	8.	11. ......
3.	6.	9.	12. ......

PATTERN 5—Comparison of Adjectives: the Comparative

The statements in this exercise say that the subject of the sentence is of a certain nature. Answer the question by saying that the subject of it is of that same nature, only **more** *so.*

MODEL: L'anglais est facile. Et l'histoire?
      *L'histoire est **plus facile que** l'anglais.*

1.	5.	9.	12. ......
2.	6.	10.	13. ......
3.	7.	11.	14. ......
4.	8.		

PATTERN 6—Comparison of Adjectives: the Superlative

The following sentences have adjectives in the positive degree. Change each sentence so that the adjectives are in the superlative.

MODEL: Shakespeare est un grande écrivain de la littérature anglaise.
      *Shakespeare est **le plus grand** écrivain de la littérature anglaise.*

1.	4.	7.	9. ......
2.	5.	8.	10. ......
3.	6.		

PATTERN 7—more than

The sentences in this exercise all have a direct object modified by a numeral. Change the sentences so as to say **more than** *before the numeral.*

MODEL: Madame Aubert a vingt chapeaux.
*Madame Aubert a **plus de** vingt chapeaux.*

1.	3.	5.	7. ......
2.	4.	6.	8. ......

PATTERN 8—Comparison of Equality

The statements in this exercise say that the subject is of a certain nature. Answer the question by saying that its subject is just as much of that nature as the subject of the statement.

MODEL: Ce fauteuil est confortable. Et cette chaise?
*Cette chaise est **aussi confortable que** ce fauteuil.*

1.	3.	5.	7. ......
2.	4.	6.	8. ......

PATTERN 9—Position of Adjectives

In each of these sentences an adjective follows est. *Change the sentences as in the model, so that the adjective modifies its noun directly.*

MODEL: Cet homme est intelligent.
*C'est **un homme intelligent.***

1.	5.	9.	12. ......
2.	6.	10.	13. ......
3.	7.	11.	14. ......
4.	8.		

115

Adverbs

PATTERN 1—Formation of Adverbs

In this exercise the first sentence ends with an adjective. It is followed by a second sentence that is incomplete. Say the first sentence, and complete the second sentence with an adverb corresponding to the adjective in the first sentence.

MODEL: Il est poli. Il répond . . .
         *Il est poli. Il répond **poliment**.*

1. ......   4. ......   7. ......   9. ......
2. ......   5. ......   8. ......   10. ......
3. ......   6. ......

PATTERN 2—Position of Adverbs in Simple Tenses

Change the following sentences, putting the adverb in parentheses in its proper place in each sentence. All these sentences are in the present tense.

MODEL: Nous comprenons le professeur. (bien)
         *Nous comprenons **bien** le professeur.*

1. ......   4. ......   7. ......
2. ......   5. ......   8. ......
3. ......   6. ......   9. ......

PATTERN 3—Position of Adverbs in Compound Tenses

Change the following sentences, putting the adverb in parentheses in its proper place in each sentence. All these sentences are in the compound past.

MODEL: Ce matin j'ai travaillé. (beaucoup)
*Ce matin j'ai **beaucoup** travaillé.*

1. ......   3. ......   5. ......   7. ......
2. ......   4. ......   6. ......   8. ......

PATTERN 4—Position of **pas** in Compound Tenses

The following questions all have vous *as the subject. Answer them in the negative with* je *as the subject, and using* ne . . . pas *as the negative.*

MODEL: Avez-vous vu le film?
*Non, je **n'ai pas vu** le film.*

1. ......   3. ......   5. ......   7. ......
2. ......   4. ......   6. ......   8. ......

PATTERN 5—Position of **jamais** in Compound Tenses

The following questions all have a noun as the subject. Answer them with ne . . . jamais, *using a noun subject.*

MODEL: Est-ce que Marie est allée en France?
*Non, Marie **n'est jamais allée** en France.*

1. ......   3. ......   5. ......   7. ......
2. ......   4. ......   6. ......   8. ......

PATTERN 6—**personne** as the Subject of the Sentence

Answer the questions in the following exercise by using personne *as the subject of the sentence.*

MODEL: Qui parle anglais en classe?
***Personne ne** parle anglais en classe.*

1. ......   3. ......   5. ......   7. ......
2. ......   4. ......   6. ......   8. ......

PATTERN 7—**personne** as the Object of the Sentence

Answer the questions in the following exercise by using personne *as the object of the sentence.*

MODEL: Qui avez-vous cherché cet après-midi?
   *Je **n'ai cherché personne** cet après-midi.*

1. ......   3. ......   5. ......   7. ......
2. ......   4. ......   6. ......   8. ......

PATTERN 8—**rien** as the Object of the Sentence

The following statements have a thing as the direct object. Substitute rien *for the thing. Be sure to put it in the proper place in the sentence.*

MODEL: J'ai trouvé votre stylo.
   *Je **n'ai rien trouvé.***

1. ......   3. ......   5. ......   7. ......
2. ......   4. ......   6. ......   8. ......

Use of Tenses in General

PATTERN 1—en train de

Each of the following sentences is in the simple present. Change them by using en train de *to emphasize the progressive nature of the action.*

MODEL: Nos amis parlent de leur voyage.
*Nos amis **sont en train de parler** de leur voyage.*

1.	3.	5.	7. ......
2.	4.	6.	8. ......

PATTERN 2—Answering Questions with **depuis**

Each question begins with Depuis quand . . . . *Answer the question with a pronoun subject,* depuis, *and the cue given in parentheses, as in the model.*

MODEL: Depuis quand les élèves sont-ils en classe? (une heure)
*Ils sont en classe **depuis une heure.***

1.	3.	5.	7. ......
2.	4.	6.	8. ......

PATTERN 3—Changing **depuis** to **il y a . . . que**

Each of the following sentences has depuis + *time expression. Change the sentence so that it says the same thing, using* il y a . . . que.

MODEL: Jacques attend son frère depuis une heure.
***Il y a une heure que** Jacques attend son frère.*

1.	4.	7. ......
2.	5.	8. ......
3.	6.	9. ......

PATTERN 4—The Future with **quand** and **dès que**

Each of the following sentences contains quand *or* dès que *and each contains two clauses in the compound past. Change the sentences so as to make them future in meaning.*

MODEL: J'ai téléphoné à mon frère quand je suis arrivé à Paris.
*Je **téléphonerai** à mon frère quand j'**arriverai** à Paris.*

1. ......   3. ......   5. ......   7. ......
2. ......   4. ......   6. ......   8. ......

PATTERN 5—The Conditional as the Past of the Future

Each of the following sentences is in the future. Place Roland a dit que *in front of the sentence and make the necessary tense change.*

MODEL: Jacques partira samedi.
*Roland a dit que Jacques **partirait** samedi.*

1. ......   3. ......   5. ......   7. ......
2. ......   4. ......   6. ......   8. ......

PATTERN 6—The Pluperfect

Each of the following units contains two sentences connected in meaning. Make them a single sentence, beginning the second clause with **quand**.

MODEL: Nous avons déjà entendu la nouvelle. Hélène nous a téléphoné.
*Nous **avions déjà entendu** la nouvelle **quand** Hélène nous a téléphoné.*

1. ......   3. ......   5. ......   7. ......
2. ......   4. ......   6. ......   8. ......

PATTERN 7—The Imperfect with **depuis**

Each of the following units contains two sentences in the compound past. Combine them so that the action in the first sentence is interrupted by the action in the second. Follow the model.

MODEL: J'ai écrit pendant dix minutes. Mon père est rentré.
*J'écrivais depuis dix minutes **quand** mon père est rentré.*

1. ......   3. ......   5. ......   7. ......
2. ......   4. ......   6. ......   8. ......

PATTERN 8—The Passé Surcomposé

The following are compound sentences connected by **et puis.** *Change the sentences, beginning each with* **dès que,** *as in the model.*

MODEL: J'ai déjeuné et puis Jacques est venu me voir.
*Dès que **j'ai eu déjeuné,** Jacques est venu me voir.*

1. ......   4. ......   7. ......
2. ......   5. ......   8. ......
3. ......   6. ......   9. ......

PATTERN 9—The Future Perfect

The following are compound sentences in the future, connected by **et puis.** *Change the sentences so that the first clause begins with* quand *and is in the future perfect.*

MODEL: Jean écrira la lettre et puis il vous la montrera.
***Quand** Jean **aura écrit** la lettre, il vous la montrera.*

1. ......   3. ......   5. ......   7. ......
2. ......   4. ......   6. ......   8. ......

PATTERN 10—Conditions with the Present and Future

Each of the following sentences has two clauses, the first of which begins with quand. *Change the sentences so that the first clause begins with* si.

MODEL: Quand nous aurons assez d'argent, nous irons en Angleterre.
***Si** nous **avons** assez d'argent, nous irons en Angleterre.*

1. ......   3. ......   5. ......   7. ......
2. ......   4. ......   6. ......   8. ......

PATTERN 11—Conditions with the Imperfect and Conditional

In this exercise, each pair of negative sentences is connected in meaning. Make each pair into a single affirmative condition using the imperfect and conditional.

MODEL: Je ne suis pas riche. Je n'achète pas beaucoup de disques.
Si j'étais riche, j'achèterais beaucoup de disques.

1.	4.	7.	10. ......
2.	5.	8.	11. ......
3.	6.	9.	12. ......

PATTERN 12—Conditions with the Pluperfect and Past Conditional

In this exercise, each pair of negative sentences is connected in meaning. Make each group into a single affirmative condition using the pluperfect and past conditional.

MODEL: Je n'ai pas appris le français. Je n'ai pas compris Monsieur Alain.
Si j'avais appris le français, j'aurais compris Monsieur Alain.

1.	4.	7.	10. ......
2.	5.	8.	11. ......
3.	6.	9.	12. ......

Personal Pronouns

PATTERN 1—3rd Person Direct Object Pronouns

Answer the following questions affirmatively with a pronoun subject and a pronoun object.

MODEL: Est-ce que Robert lit le livre? *Oui, **il le** lit.*

1.	4.	7.	10. ......
2.	5.	8.	11. ......
3.	6.	9.	12. ......

PATTERN 2—Use of **nous** as a Pronoun Object

Each of the following sentences has a noun object. Repeat the sentence and then complete it with nous *as an object, as in the model.*

MODEL: Jacques écrira à Roger.
Jacques écrira à Roger et il **nous** écrira aussi.

1.	3.	5.	7. ......
2.	4.	6.	8. ......

PATTERN 3—Indirect Object Pronouns

Answer the following questions affirmatively using je *as the subject and a pronoun as the indirect object.*

MODEL: Est-ce que vous parlerez à Jacques? *Oui, **je lui** parlerai.*

1.	3.	5.	7. ......
2.	4.	6.	8. ......

PATTERN 4—Choosing between Direct and Indirect Object Pronouns

Answer the following questions affirmatively with **nous** *and either a direct or indirect pronoun object, depending on the question.*

MODEL: Avez-vous mis le livre sur le bureau?
Oui, ***nous l'avons mis*** *sur le bureau.*

1.	4.	7.	10. ......
2.	5.	8.	11. ......
3.	6.	9.	12. ......

PATTERN 5—Using **vous** as an Object Pronoun

Each of the following questions has **vous** *as the subject and* **me** *as the direct object. Answer the question affirmatively with* **je** *as the subject and* **vous** *as the object.*

MODEL: Est-ce que vous me voyez? *Oui,* ***je vous vois.***

1.	3.	5.	7. ......
2.	4.	6.	8. ......

PATTERN 6—The use of **y**

Answer each question affirmatively with **je** *as the subject and using* **y** *to refer to the place.*

MODEL: Allez-vous en classe? *Oui,* ***j'y vais.***

1.	3.	5.	7. ......
2.	4.	6.	8. ......

PATTERN 7—The Use of **en**

Answer each question affirmatively with a pronoun subject and en.

MODEL: Est-ce que Robert a beaucoup d'argent?
*Oui, **il en** a beaucoup.*

1. ......   3. ......   5. ......   7. ......
2. ......   4. ......   6. ......   8. ......

PATTERN 8—Choosing between **en** and **le**, **la**, **les**

Answer each question affirmatively with a pronoun subject and object. Some answers will require en, *others* le, la, *or* les.

MODEL: Est-ce que Suzanne a trouvé ses affaires?
*Oui, **elle les a trouvées.***

1. ......   4. ......   7. ......   10. ......
2. ......   5. ......   8. ......   11. ......
3. ......   6. ......   9. ......

PATTERN 9—Choosing among **y**, **en**, and **le**, **la**, **les**

Answer each question affirmatively with the proper pronoun object. Some answers will require y, *others* en, *still others* le, la, *or* les.

MODEL: Est-ce que vous avez trouvé des amis? *Oui, **j'en ai trouvé.***

1. ......   3. ......   5. ......   7. ......
2. ......   4. ......   6. ......   8. ......

PATTERN 10—Pronoun Objects Governed by the Infinitive

Each sentence contains a main verb followed by an infinitive that governs a noun object. Change the noun object to a pronoun object.

MODEL: Je vais acheter cette voiture. *Je vais l'acheter.*

1.	4.	7.	10. ......
2.	5.	8.	11. ......
3.	6.	9.	12. ......

PATTERN 11—Changing Noun Objects to Pronouns in the Affirmative Imperative

In the following sentences change the noun objects to a pronoun object.

MODEL: Ouvrez la porte. *Ouvrez-la.*

1.	4.	7.	10. ......
2.	5.	8.	11. ......
3.	6.	9.	

PATTERN 12—Changing Noun Objects to Pronouns in the Negative Imperative

In the following sentences change the noun object to a pronoun object.

MODEL: N'ouvrez pas la fenêtre. *Ne l'ouvrez pas.*

1.	4.	7.	10. ......
2.	5.	8.	11. ......
3.	6.	9.	

PATTERN 13—Changing Two Noun Objects to Pronoun Objects

Each sentence in this exercise has two noun objects: a direct object and an indirect object. Answer the question affirmatively, changing these noun objects to pronoun objects. Use a pronoun subject in your answer.

MODEL: Est-ce que Jean donne le livre à Robert? *Oui, il **le lui** donne.*

1.	4.	7.	9. ......
2.	5.	8.	10. ......
3.	6.		

PATTERN 14—1st and 3rd Person Pronoun Objects

Answer the following questions affirmatively, using a pronoun subject, a pronoun direct object, and the indirect object me.

MODEL: Est-ce que Roger vous donnera le livre? *Oui, **il me le** donnera.*

1.	3.	5.	7. ......
2.	4.	6.	8. ......

PATTERN 15—3rd Person Object Pronouns in the Affirmative Imperative

In the following sentences change the noun objects to pronoun objects.

MODEL: Donnez le livre à Marie. *Donnez-**le-lui**.*

1.	4.	7.	9. ......
2.	5.	8.	10. ......
3.	6.		

PATTERN 16—3rd Person Object Pronouns in the Negative Imperative

Change the noun objects to pronoun objects.

MODEL: Ne montrez pas ce journal à Louise. *Ne **le lui** montrez pas.*

1.	4.	7. ......
2.	5.	8. ......
3.	6.	9. ......

PATTERN 17—Affirmative Imperative with **moi** and a 3rd Person Direct Object

Change the noun object to a pronoun object.

MODEL: Donnez-moi le couteau. *Donnez-**le-moi**.*

1.	3.	5.	7. ......
2.	4.	6.	8. ......

PATTERN 18—Negative Imperative with **me** and a 3rd Person Direct Object

Change the noun object to a pronoun object.

MODEL: Ne me donnez pas cette assiette. *Ne **me la** donnez pas.*

1.	3.	5.	7. ......
2.	4.	6.	8. ......

PATTERN 19—Changing the Second of Two Compound Subjects

Each of these sentences has a compound subject. Change the second noun subject to a pronoun subject.

MODEL: Marie et Jean-Jacques suivent le même cours.
*Marie et **lui** suivent le même cours.*

1.	3.	5.	7. ......
2.	4.	6.	8. ......

PATTERN 20—Disjunctive Pronouns after Prepositions

Change the noun objects of the prepositions to pronoun objects.

MODEL: Nous partons avec Suzanne. *Nous partons avec **elle**.*

1.	4.	7.	9. ......
2.	5.	8.	10. ......
3.	6.		

PATTERN 21—Special Sentences with **à** and **de** Followed by a Noun

Each sentence has à or de followed by a noun. Change the à or de phrase to a pronoun in the proper way.

MODEL: Je pense à mon frère. *Je pense à **lui**.*

1.	5.	9.	13. ......
2.	6.	10.	14. ......
3.	7.	11.	15. ......
4.	8.	12.	16. ......

Chapter 6

The Use of Past Tenses in Narration

PATTERN 1—An Interrupted Past Action

The model question asks what you were doing when the telephone rang. Answer the question with je and the cue, ending your answer with . . . quand le téléphone a sonné.

MODEL: Que faisiez-vous quand le téléphone a sonné? (lire votre lettre)
*Je **lisais votre lettre** quand le téléphone a sonné.*

Que faisiez-vous quand le téléphone a sonné?

1.	4.	7. ......
2.	5.	8. ......
3.	6.	9. ......

PATTERN 2—Two Successive Past Actions

The model question asks what you did when the teacher arrived. Answer the question with nous and the cue, ending your answer with . . . quand le professeur est arrivé.

MODEL: Qu'est ce que vous avez fait quand le professeur est arrivé? (se lever)
***Nous nous sommes levés** quand le professeur est arrivé.*

Qu'est-ce que vous avez fait quand le professeur est arrivé?

1.	4.	7. ......
2.	5.	8. ......
3.	6.	9. ......

PATTERN 3—An Interrupted Past Action

The model question asks what Suzanne did while Jack was resting. Answer the question, using the cue and ending your answer with . . . **pendant que Jacques se reposait.**

MODEL: Qu'est-ce que Suzanne a fait pendant que Jacques se reposait? (préparer le dîner)
Suzanne **a préparé le dîner** *pendant que Jacques se reposait.*

Qu'est-ce que Suzanne a fait pendant que Jacques se reposait?

1.	3.	5.	7. ......
2.	4.	6.	8. ......

PATTERN 4—A Customary Past Action

Each of the following sentences says that you now no longer do a certain thing. Write a sentence saying that you **formerly did that thing often.**

MODEL: Maintenant je ne joue plus au bridge.
Autrefois je **jouais souvent** *au bridge.*

1.	4.	7. ......
2.	5.	8. ......
3.	6.	9. ......

PATTERN 5—An Action for a Limited Time in the Past

The sentences below say that when you were young you used to do a certain thing. Begin each sentence with **Pendant deux ans,** *so as to say that you did the same thing for two years.*

MODEL: Quand j'étais jeune, je faisais la cour à Marie.
Pendant deux ans, **j'ai fait** *la cour à Marie.*

1.	3.	5.	7. ......
2.	4.	6.	8. ......

Possessives

PATTERN 1—Possessive Adjectives

In this exercise each complete sentence is followed by an unfinished one. Complete the second sentence by using the same direct object, but changing the possessive adjective to correspond to the subject of the sentence.

MODEL: J'ai pris ma voiture. Les voisins ont pris . . .
*J'ai pris ma voiture. Les voisins ont pris **leur voiture.***

1.	5.	9.	12. ......
2.	6.	10.	13. ......
3.	7.	11.	14. ......
4.	8.		

PATTERN 2—The Article Used with Noun (part of the body)

Nous levons la main *is the model sentence in which the part of the body is modified by the definite article. Say the same sentence, substituting the part of the body indicated.*

MODEL: Nous levons la main. (la bras)
*Nous levons **le bras.***

Nous levons la main.

1.	3.	5.	7. ......
2.	4.	6.	

PATTERN 3—The Article Used with Noun (part of the body)

The following are compound sentences. The second clause is incomplete. Say the first clause and complete the second clause after the pattern of the first.

MODEL: J'ai levé la main et les autres élèves aussi . . .
*J'ai levé la main et les autres élèves aussi **ont levé la main.***

1.	3.	5.	7. ......
2.	4.	6.	8. ......

PATTERN 4—The Article and the Reflexive Pronoun with Noun (part of the body)

Change the model sentence by making each of the indicated nouns or pronouns the subject of the new sentence.

MODEL: Marie se lave les mains. (Je)
*Je **me lave** les mains.*

Marie se lave les mains.

1.	3.	5.	7. ......
2.	4.	6.	8. ......

PATTERN 5—The Article and the Reflexive Pronoun with Noun (part of the body)

Change the model sentence by making each of the indicated nouns the object of the new sentence.

MODEL: Jacques se lave les oreilles. (la figure)
*Jacques se lave **la figure.***

Jacques se lave les oreilles.

1.	3.	5.	7. ......
2.	4.	6.	8. ......

PATTERN 6—The Article and the Indirect Object
Pronoun with Noun (part of the body)

Each of the following sentences mentions a part of the body and ends with the noun indicating its possessor. Change the sentence by using a pronoun to indicate the possessor.

MODEL: Marie lave la figure du malade.
*Marie **lui** lave la figure.*

1. ......   3. ......   5. ......   7. ......
2. ......   4. ......   6. ......   8. ......

PATTERN 7—Saying that Something "hurts" or
"is sore"

Rewrite the model sentence substituting in turn each of the indicated nouns for the part of the body mentioned in the model.

MODEL: J'ai mal aux yeux. (pieds)
*J'ai mal **aux pieds.***

J'ai mal aux yeux.

1. ......   3. ......   5. ......   7. ......
2. ......   4. ......   6. ......   8. ......

PATTERN 8—Possessive Pronouns

Each of the following sentences ends with an object modified by a possessive adjective. This is followed by an incomplete question. Complete the question, using a possessive pronoun corresponding to the subject of the question.

MODEL: Jean a fini ses devoirs. Avez-vous fini . . . ?
*Jean a fini ses devoirs. Avez-vous fini **les vôtres**!*

1. ......   4. ......   7. ......   10. ......
2. ......   5. ......   8. ......   11. ......
3. ......   6. ......   9. ......   12. ......

PATTERN 9—Expressions of Possession with Possessive Pronouns

Change each sentence so as to say the same thing with a possessive pronoun.

MODEL: Cette voiture est à moi. *Cette voiture est **la mienne.***

1.	4.	7.	10. ......
2.	5.	8.	11. ......
3.	6.	9.	

PATTERN 10—Expressing Possession with à + Disjunctive Pronoun

Rephrase each sentence so as to substitute à + disjunctive pronoun *for the possessive pronoun.*

MODEL: Ces crayons sont les leurs. *Ces crayons sont **à eux.***

1.	4.	7.	9. ......
2.	5.	8.	10. ......
3.	6.		

Participles

PATTERN 1—The Choice of Auxiliaries in the Compound Tenses

Change the following sentences into the compound past. Watch which auxiliary verbs you use.

MODEL: Je vais en France. *Je **suis allé** en France.*

1.	4.	7.	10. ......
2.	5.	8.	11. ......
3.	6.	9.	12. ......

PATTERN 2—The Agreement: Past Participle with a Preceding Pronoun Object

Change the noun object of each sentence to a pronoun object. Be careful to make the agreement of the past participle where it is necessary.

MODEL: J'ai peint la maison. *Je **l'ai peinte.***

1. Nous avons écrit les devoirs.

    a. ......   b. ......   c. ......

2. Marie a fait son travail.

    a. ......   b. ......   c. ......

3. Avez-vous mis les crayons sur la table?

    a. ......   b. ......   c. ......

4. Jacques a ouvert la porte.

   a. ......   b. ......   c. ......

5. J'ai pris le journal.

   a. ......   b. ......   c. ......

PATTERN 3—The Agreement: Past Participle with a Preceding Noun Object

In each of the five questions in this exercise replace the noun object by the words indicated. Make the agreement of the past participle where appropriate.

MODEL: Quel tableau avez-vous peint? (Quelle chambre . . .)
      *Quelle chambre avez-vous **peinte?***

1. Quel mot avez-vous écrit?

   a. ......   b. ......   c. ......

2. Quel travail Pierre a-t-il fait?

   a. ......   b. ......   c. ......

3. Quel livre avez-vous mis dans votre poche?

   a. ......   b. ......   c. ......

4. Quel cahier Louise a-t-elle ouvert?

   a. ......   b. ......   c. ......

5. Quel crayon avez-vous pris?

   a. ......   b. ......   c. ......

PATTERN 4—The Agreement: Past Participle with Preceding **que**

Each group of sentences begins with a model consisting of a subject modified by a que *clause, which is in the compound past. Substitute in turn each noun indicated for the subject of the model sentence. Make the agreement of the past participle where necessary.*

MODEL: L'édifice qu'il a construit est superbe. (La maison . . .)
      La maison qu'il a ***construite*** est superbe.

1. La lettre que vous avez écrite ne me plaît pas.

    a. ......   b. ......   c. ......

2. Le jeu que j'ai appris m'intéresse beaucoup.

    a. ......   b. ......   c. ......

3. Le tableau que je lui ai offert m'a coûté cher.

    a. ......   b. ......   c. ......

4. Le discours qu'il a fait était remarquable.

    a. ......   b. ......   c. ......

5. Le chapeau qu'elle a mis vient de Paris.

    a. ......   b. ......   c. ......

PATTERN 5—Using the Present Participle with **en**

Each sentence in this exercise begins with **pendant que.** *Change the sentence so as to say the same thing by using* **en** *+ present participle.*

MODEL: Pendant que j'attendais l'autobus, je faisais des mots croisés.
      En attendant *l'autobus, je faisais des mots croisés.*

1.	3.	5.	7. ......
2.	4.	6.	8. ......

PATTERN 6—Using **à** + Infinitive after the Verb **passer**

Each of the following sentences says that someone did something in a certain length of time. Change the sentence so as to say that the person spent that length of time doing it.

MODEL: J'ai lu la leçon en une heure.
      *J'***ai passé** *une heure* **à lire** *la leçon.*

1. ......   3. ......   5. ......   7. ......
2. ......   4. ......   6. ......   8. ......

PATTERN 7—Using **en train de**

Each sentence tells what someone was doing when something happened. Change the first clause so as to stress the idea of being in the act of *by using en train de.*

MODEL: Maurice réparait sa moto quand je suis arrivé.
   *Maurice **était en train de réparer** sa moto quand je suis arrivé.*

1. ......   3. ......   5. ......   7. ......
2. ......   4. ......   6. ......   8. ......

Demonstratives

PATTERN 1—Demonstrative Adjectives

The subject of each sentence is modified by the definite article. Change the sentence so that the subject is modified by the demonstrative adjective.

MODEL: Le livre n'est pas bon. *Ce livre n'est pas bon.*

1.	6.	11.	16. ......
2.	7.	12.	17. ......
3.	8.	13.	18. ......
4.	9.	14.	19. ......
5.	10.	15.	

PATTERN 2—The Indefinite Demonstrative Pronoun cela

Each of the following sentences ends with the words cette chose. *Say the sentence, changing* cette chose *to* cela.

MODEL: Lisez cette chose. *Lisez cela.*

1.	4.	7.	10. ......
2.	5.	8.	11. ......
3.	6.	9.	12. ......

PATTERN 3—The Indefinite Demonstrative Pronoun ça

Each sentence contains the words cette chose. *Change the sentence, substituting* ça *for* cette chose.

MODEL: Cette chose prend beaucoup de temps.
　　　　Ça prend beaucoup de temps.

1. ......　　3. ......　　5. ......　　7. ......
2. ......　　4. ......　　6. ......　　8. ......

PATTERN 4—The Definite Demonstrative Pronouns

Each of the questions below contains a noun object. Answer the questions with je *and use a definite demonstrative pronoun instead of the noun object.*

MODEL: Avez-vous le dictionnaire de Jacques?
　　　　Oui, j'ai celui de Jacques.

1. ......　　4. ......　　7. ......
2. ......　　5. ......　　8. ......
3. ......　　6. ......　　9. ......

PATTERN 5—The Definite Demonstrative Pronouns Followed by a Clause

Each of the following sentences contains a noun object modified by a clause. Change the sentence, substituting a definite demonstrative pronoun for the noun object.

MODEL: J'ai le stylo que vous cherchez.
　　　　J'ai celui que vous cherchez.

1. ......　　4. ......　　7. ......
2. ......　　5. ......　　8. ......
3. ......　　6. ......　　9. ......

PATTERN 6—The Definite Demonstrative Pronouns Followed by -là

In the following sentences, two nouns are compared. Change the second noun to a definite demonstrative pronoun.

MODEL: Ces enfants-ci sont plus gentils que ces enfants-là.
*Ces enfants-ci sont plus gentils que **ceux-là**.*

1.	4.	7.	10. ......
2.	5.	8.	11. ......
3.	6.	9.	

PATTERN 7—The Definite Demonstrative Pronouns Used as the Subject

Each sentence has a noun subject modified by a clause. Change the noun subject to a definite demonstrative pronoun.

MODEL: L'homme qui travaille gagne de l'argent.
Celui qui travaille gagne de l'argent.

1.	4.	7. ......
2.	5.	8. ......
3.	6.	9. ......

PATTERN 8—The Indefinite ce

Say the sentence, then make a statement using the adjective in parentheses, as in the model.

MODEL: (facile) J'apprends à nager.
*J'apprends à nager. **C'est facile**.*

1.	4.	7. ......
2.	5.	8. ......
3.	6.	9. ......

PATTERN 9—The Impersonal **il**

Each sentence begins with an infinitive. Change the sentence so that it starts with the impersonal il.

> **MODEL:** Apprendre une langue étrangère est difficile.
> ***Il est difficile d'****apprendre une langue étrangère.*

1. ......   3. ......   5. ......   7. ......
2. ......   4. ......   6. ......   8. ......

PATTERN 10—The Introductory **ce** as the Subject of **être**

Answer these questions, beginning your answer with C'est *or* Ce sont *and using the word in parentheses as part of the answer.*

> **MODEL:** Qui est le jeune homme qui nous salue? (mon ami)
> ***C'est*** *mon ami qui nous salue.*

1. ......   3. ......   5. ......   7. ......
2. ......   4. ......   6. ......   8. ......

PATTERN 11—A Personal Pronoun Subject + **être** + Noun

Each of the questions below is followed by a cue: a noun indicating a profession, nationality, or religion. Say the question, then add the information using the cue.

> **MODEL:** Avez-vous vu Jean Perrot? (médecin)
> *Avez-vous vu Jean Perrot?* ***Il est*** *médecin.*

1. ......   4. ......   7. ......
2. ......   5. ......   8. ......
3. ......   6. ......   9. ......

Chapter 10

Relatives

PATTERN 1—The Subject Relative Pronoun **qui**

In this exercise, each group of two sentences is connected in meaning. Make them into a single sentence connected by the relative pronoun qui.

MODEL: Voilà une belle jeune fille. Elle va se marier.
*Voilà une belle jeune fille **qui** va se marier.*

1.	3.	5.	7. ......
2.	4.	6.	8. ......

PATTERN 2—The Object Relative Pronoun **que**

In this exercise, each group of two sentences is connected in meaning. Make them into a single sentence connected by the relative pronoun que.

MODEL: Voilà un beau tableau. Je vais l'acheter.
*Voilà un beau tableau **que** je vais acheter.*

1.	3.	5.	7. ......
2.	4.	6.	8. ......

PATTERN 3—Preposition + **qui** (referring to persons)

In this exercise, each group of two sentences is connected in meaning. Make them into a single sentence connected by a preposition + the relative qui, *as in the model.*

MODEL: Voilà le professeur. Je lui ai donné mon livre ce matin.
*Voilà le professeur **à qui** j'ai donné mon livre ce matin.*

1. ...... 3. ...... 5. ...... 7. ......
2. ...... 4. ...... 6. ...... 8. ......

PATTERN 4—Preposition + **lequel** (referring to things)

In this exercise, each group of two sentences is connected in meaning. Make them into a single sentence connected by a preposition + a form of lequel, as in the model.

MODEL: Voilà ma machine à écrire. J'ai écrit cette lettre avec cette machine à écrire.
*Voilà la machine à écrire **avec laquelle** j'ai écrit cette lettre.*

1. ...... 3. ...... 5. ...... 7. ......
2. ...... 4. ...... 6. ...... 8. ......

PATTERN 5—The Indefinite Subject Relative **ce qui**

Each sentence has a noun object followed by a qui *clause. Rewrite the sentence, changing the noun object +* qui *to* ce qui.

MODEL: Montrez-moi la lettre qui est sur la table.
*Montrez-moi **ce qui** est sur la table.*

1. ...... 3. ...... 5. ...... 7. ......
2. ...... 4. ...... 6. ...... 8. ......

PATTERN 6—The Indefinite Object Relative **ce que**

Each sentence has a noun object followed by a que *clause. Change the noun object +* que *to* ce que.

MODEL: J'ai corrigé l'exercice que Jean a écrit.
*J'ai corrigé **ce que** Jean a écrit.*

1. ...... 4. ...... 7. ...... 10. ......
2. ...... 5. ...... 8. ...... 11. ......
3. ...... 6. ...... 9. ...... 12. ......

PATTERN 7—Using the Object Relative **que**

Each sentence has a qui clause. Change the sentence, as in the model, so that it has a que clause. The subject of the new sentence should be modified by the definite article. (Make the agreement of the past participle wherever necessary.)

MODEL: Vous avez écrit un conte qui est intéressant.
        Le conte que vous avez écrit est intéressant.

1. ......   4. ......   7. ......
2. ......   5. ......   8. ......
3. ......   6. ......   9. ......

PATTERN 8—Using the Relatives **qui**, **que**, and Forms of **lequel** in Mixed Sentences

In this exercise, each group of two sentences is connected in meaning. Make them into one sentence connected by the appropriate relative pronoun. This exercise contains various types of relatives that have been taken up in the preceding exercises, but in this exercise you must choose from a greater number of possibilities. The model shows only one of the possibilities.

MODEL: Voilà une belle voiture. J'aimerais l'acheter.
        Voilà une belle voiture que j'aimerais acheter.

1. ......   4. ......   7. ......
2. ......   5. ......   8. ......
3. ......   6. ......   9. ......

PATTERN 9—Using **dont** in a Clause with a Pronoun Subject

In this exercise, each group of two sentences is connected in meaning. Make them into a single sentence connected by dont.

MODEL: Marie est une jeune fille. Vous m'avez souvent parlé d'elle.
*Marie est une jeune fille **dont** vous m'avez souvent parlé.*

1. ......   3. ......   5. ......   7. ......
2. ......   4. ......   6. ......   8. ......

PATTERN 10—Using **dont** to Modify the Noun Subject of Its Clause

In this exercise, each group of two sentences is connected in meaning. Make them into a single sentence connected by dont. Notice that there is always a form of the definite article between dont and the noun subject.

MODEL: Voilà une pauvre femme. Son fils travaille chez nous.
*Voilà une pauvre femme **dont le fils** travaille chez nous.*

1. ......   3. ......   5. ......   7. ......
2. ......   4. ......   6. ......   8. ......

PATTERN 11—Using **dont** to Modify the Direct Object of Its Clause

In this exercise, each group of two sentences is connected in meaning. Make them into a single sentence connected by dont. Notice that the object of the second sentence is always modified by a possessive adjective, which changes to a definite article when used with dont.

MODEL: Paris est une grande ville. Nous connaissons ses divers quartiers.
*Paris est une grande ville **dont** nous connaissons **les** divers quartiers.*

1. ......   3. ......   5. ......   7. ......
2. ......   4. ......   6. ......   8. ......

PATTERN 12—Using **où** as a Relative

In this exercise, each group of two sentences is connected in meaning. Make them into a single sentence connected by où.

MODEL: J'ai rencontré Jean cette année-là. Il était à Paris.
*J'ai rencontré Jean **l'année où** il était à Paris.*

1. ......　　3. ......　　5. ......　　7. ......
2. ......　　4. ......　　6. ......　　8. ......

PATTERN 13—Using **où** as a Relative

In each of the following sentences the second clause begins with quand. *Change the sentence, substituting the indicated noun for* quand *and making the other appropriate changes.*

MODEL: Nous avons parlé des vacances quand nous nous sommes rencontrés dans la rue.
(le jour)
*Nous avons parlé des vacances le jour **où** nous nous sommes rencontrés dans la rue.*

1. ......　　3. ......　　5. ......　　7. ......
2. ......　　4. ......　　6. ......　　8. ......

The Subjunctive

PATTERN 1—The Subjunctive after Verbs of "wishing"

Each of the following sentences states a fact. Change the sentences, placing Je veux que *before them, and making the necessary changes.*

MODEL: Georges apprend le français.
Je veux que Georges *apprenne* le français.

1.	3.	5.	7. ......
2.	4.	6.	8. ......

PATTERN 2—The Subjunctive after Verbs of "doubting" and Verbs of "emotion"

The first sentence of each group states a fact; the second sentence indicates the speaker's reaction to the fact. Make one sentence out of the two, so that the speaker's reaction comes first, as in the model.

MODEL: Mon fils suit vos conseils. J'en suis heureux.
Je suis heureux que mon fils *suive* vos conseils.

1.	3.	5.	7. ......
2.	4.	6.	8. ......

PATTERN 3—Use of Past Subjunctive

You will hear a sentence in the present subjunctive. Repeat the sentence, putting it in the past subjunctive. End the sentence with hier.

MODEL: Je regrette que tu ne puisses pas venir.
*Je regrette que tu **n'aies pas pu** venir **hier**.*

1. ......   3. ......   5. ......   7. ......
2. ......   4. ......   6. ......   8. ......

PATTERN 4—Use of Infinitive instead of Subjunctive

Each of the sentences below has a subordinate clause in the subjunctive. Change the sentence so that the subject of the first clause is the subject of the whole sentence.

MODEL: Sylvie est heureuse que nous connaissions des artistes.
*Sylvie est heureuse **de connaître** des artistes.*

1. ......   3. ......   5. ......   7. ......
2. ......   4. ......   6. ......   8. ......

PATTERN 5—Use of Subjunctive instead of Infinitive

In each sentence the verb is followed by de + infinitive. Change the sentence so that it has two clauses and that the subject of the second clause is vous.

MODEL: Je regrette d'avoir tellement à faire.
*Je regrette **que vous ayez** tellement à faire.*

1. ......   3. ......   5. ......   7. ......
2. ......   4. ......   6. ......   8. ......

PATTERN 6—Subjunctive after Certain Impersonal Expressions

The subordinate clause of each of the following sentences is in the indicative. Change the sentences, substituting the indicated impersonal expression. Notice that the impersonal expression in parentheses requires the subjunctive mode.

MODEL: Il est certain que vous savez son adresse. (Il est possible . . .)
*Il est possible que vous **sachiez** son adresse.*

1. ......   3. ......   5. ......   7. ......
2. ......   4. ......   6. ......   8. ......

PATTERN 7—Indicative after Certain Impersonal Expressions

The subordinate clause of each of the following sentences is in the subjunctive. Change the sentences, substituting the indicated impersonal expression and using the future in the subordinate clause. Notice that the impersonal expression in parentheses requires the indicative mode.

MODEL: Il est indispensable que vous réussissiez à votre examen. (Il est certain)
Il est certain que vous réussirez à votre examen.

1.	3.	5.	7. ......
2.	4.	6.	8. ......

PATTERN 8—Using the Indicative after Affirmative Verbs of Believing

Place Je crois . . . *before each of the following statements.*

MODEL: Vous pouvez partir demain.
Je crois que vous pouvez partir demain.

1.	3.	5.	7. ......
2.	4.	6.	8. ......

PATTERN 9—Adverbial Conjunctions Followed by the Subjunctive

In this exercise, there are two sentences, the first of which is Je travaillerai. *Change the two sentences, connecting them with the adverbial conjunction indicated.*

MODEL: Je travaillerai. Vous me téléphonerez. (jusqu'à ce que)
Je travailllerai jusqu'à ce que vous me téléphoniez.

1.	3.	5.	7. ......
2.	4.	6.	8. ......

PATTERN 10—The Infinitive instead of an Adverbial Conjunction + Subjunctive

Each of the following sentences contains an adverbial conjunction followed by a subjunctive clause. Change the sentence so as to substitute the infinitive for the subjunctive. Note that this changes the meaning of the sentence.

MODEL: Je resterai avec vous pour que vous écriviez cette lettre.
*Je resterai avec vous **pour écrire** cette lettre.*

1.	3.	5.	7. ......
2.	4.	6.	8. ......

PATTERN 11—The Subjunctive in Clauses that Indicate Doubt of the Existence of the Antecedent

*The verb of the main clause of each of the following sentences is a form of **avoir**. Change the form of **avoir** to the corresponding form of **chercher** and make any necessary changes in the subordinate clause.*

MODEL: Nous avons une chambre qui est très fraîche en été.
*Nous **cherchons** une chambre qui **soit** très fraîche en été.*

1.	3.	5.	7. ......
2.	4.	6.	8. ......

PATTERN 12—The Subjunctive in Clauses that Indicate Denial of the Existence of the Antecedent

Each of the following sentences begins with Je connais un homme qui . . . . *Substitute* Je ne connais personne qui . . . *and make the necessary change in the verb of the subordinate clause.*

MODEL: Je connais un homme qui sait le russe.
Je ne connais personne qui sache le russe.

1.	3.	5.	7. ......
2.	4.	6.	8. ......

The Article

PATTERN 1—Noun Used in General Sense as Subject of Sentence

Change the model sentence, using in turn each of the indicated nouns as the subject of the sentence.

MODEL: (champagne) *Le champagne coûte plus cher que l'année dernière.*

1. ......   3. ......   5. ......   7. ......
2. ......   4. ......   6. ......   8. ......

PATTERN 2—Noun Used in General Sense as Object of Sentence

Change the model sentence, using in turn each of the indicated nouns as the object of the new sentence.

MODEL: (peinture) *J'aime beaucoup la peinture.*

1. ......   3. ......   5. ......   7. ......
2. ......   4. ......   6. ......   8. ......

PATTERN 3—From Partitive to General

Each of the following questions asks if you wish a certain thing. Answer the question in a complete sentence, saying that you like that thing a great deal. Notice that the question ends with a partitive, but the answer must end with a noun used in a general sense.

MODEL: Voulez-vous de la glace?
*Oui, j'aime beaucoup **la** glace.*

1.	4.	7.	9. ......
2.	5.	8.	10. ......
3.	6.		

PATTERN 4—The Article with "days of the week"

*Each of the following sentences says that someone will do something on a given day of the week. Change the sentence, using **toujours**, so as to say that the person does that thing every week on the same day.*

MODEL: J'irai à l'église dimanche.
*Je vais toujours à l'église **le** dimanche.*

1.	4.	7. ......
2.	5.	8. ......
3.	6.	9. ......

PATTERN 5—The Article with "seasons"

Each of the following sentences states that you do a given thing during one of the four seasons. Make a sentence that says this season is a good time for doing that thing, as in the model.

MODEL: Je fais du bateau en été.
***L'été** est une bonne saison pour faire du bateau.*

1.	3.	5.	7. ......
2.	4.	6.	8. ......

PATTERN 6—The Article with "languages"

Each of the following sentences says that a given language is spoken in a certain place. Make a sentence saying that that language is widely used, as in the model.

MODEL: On parle chinois à Hong Kong.
***Le chinois** est une langue très répandue.*

1.	3.	5.	7. ......
2.	4.	6.	8. ......

PATTERN 7—"Languages" without the Article

Each of the following sentences makes a statement about a language. Ask how one says bonjour *in that language, as in the model.*

MODEL: Le portugais est une langue romane.
        Comment dit-on "bonjour" **en portugais?**

1. ......   4. ......   7. ......
2. ......   5. ......   8. ......
3. ......   6. ......   9. ......

PATTERN 8—The Article with "countries"

Each of the following sentences says that certain people are in a given country. Using a pronoun subject, say that they visit that country every year.

MODEL: Mes amis sont en France.
        Ils visitent **la France** *tous les ans.*

1. ......   3. ......   5. ......   7. ......
2. ......   4. ......   6. ......   8. ......

PATTERN 9—Omission of Article before Names of Professions, etc.

Each sentence ends in a modified name of a profession, religion, or nationality. Change the sentence, omitting the modifying word.

MODEL: Monsieur Monod est un excellent pasteur.
        Monsieur Monod **est pasteur.**

1. ......   3. ......   5. ......   7. ......
2. ......   4. ......   6. ......   8. ......

PATTERN 10—Use of Article before Modified Names of Professions, etc.

Each of the following sentences says that someone is of some profession. Change the sentence, modifying the profession by **très connu(e)**.

MODEL: Monsieur Lalou est ingénieur.
Monsieur Lalou est **un ingénieur très connu.**

1.	4.	7. ......
2.	5.	8. ......
3.	6.	9. ......

Indefinite Nouns

PATTERN 1—From General to Partitive

Each of the following sentences states that the subject likes a certain thing a great deal. Make a sentence that commands someone to give the subject some of it. Notice that the object of the first sentence is a partitive.

MODEL: Catherine aime beaucoup les fleurs.
***Donnez-lui des** fleurs.*

1.	4.	7. ......
2.	5.	8. ......
3.	6.	9. ......

PATTERN 2—The Indefinite Noun after **sans**

Each sentence states that someone came to our house with *a certain thing. Change the sentence as in the model so that it says that the person arrived* without *that thing.*

MODEL: Michel est venu chez nous avec des disques.
*Michel est venu chez nous **sans** disques.*

1.	3.	5.	7. ......
2.	4.	6.	8. ......

PATTERN 3—The Indefinite Noun after **ni . . . ni . . .**

The direct object of each of the following sentences is two partitives connected by et. *Change the sentence, using* ni . . . ni . . ..

MODEL: Monsieur Simon vend des cigares et des cigarettes.
*Monsieur Simon ne vend **ni** cigares **ni** cigarettes.*

1. ......   3. ......   5. ......   7. ......
2. ......   4. ......   6. ......   8. ......

PATTERN 4—The Indefinite Noun after Adverbs of Quantity

Each of the following questions asks if you have a certain thing. Answer affirmatively incorporating the adverb of quantity indicated and the thing.

MODEL: Avez-vous du travail? (trop)
    *J'ai **trop de** travail.*

1. ......   4. ......   7. ......
2. ......   5. ......   8. ......
3. ......   6. ......   9. ......

PATTERN 5—Negative of Sentences with Partitives

Change each of the following sentences to the negative. Remember that there are certain changes in the partitive construction in a negative sentence.

MODEL: Je vois des taxis dans la rue.
    *Je **ne vois pas de** taxis dans la rue.*

1. ......   4. ......   7. ......
2. ......   5. ......   8. ......
3. ......   6. ......   9. ......

PATTERN 6—Negative of Sentences Ending in Noun Modified by Indefinite Article

*Change each of the following sentences to the negative. Remember that in a negative sentence one does not often find an object modified by **un** or **une.***

MODEL: Nous avons un appartement.
    *Nous **n'avons pas d'**appartement.*

1.	4.	7. ......
2.	5.	8. ......
3.	6.	9. ......

PATTERN 7—Negative of Sentences with C'est and Ce sont

Each of the following sentences asks if the object in question is a certain thing. Answer in the negative, as in the model.

MODEL: Est-ce que c'est du café italien?
*Non, **ce n'est pas du** café italien.*

1.	4.	7.	9. ......
2.	5.	8.	10. ......
3.	6.		

PATTERN 8—The pas of Quality and the pas of Quantity

Each of the following sentences says that the object in question is not of a given type. Make a sentence saying that we don't have any of this, as in the model.

MODEL: Ce n'est pas du café italien.
*Nous **n'avons pas de** café italien.*

1.	4.	7.	9. ......
2.	5.	8.	10. ......
3.	6.		

PATTERN 9—Indefinite Nouns after the Preposition de

Each of the following sentences says that someone needs a certain definite object. Change the sentence by saying that we also need some of the same thing. Note that we really need an indefinite quantity of the same thing.

MODEL: Jacques a besoin des timbres que vous avez achetés.
*Nous avons aussi besoin **de** timbres.*

1.	3.	5.	7. ......
2.	4.	6.	8. ......

The Passive Voice and the Causative Construction

PATTERN 1—Using the **passé composé** of the Passive Voice

Each of the following sentences is in the future and ends with demain. *Change each sentence to the compound past, ending it with* hier.

MODEL: Son livre sera publié demain.
     Son livre a été publié hier.

1.	3.	5.	7. ......
2.	4.	6.	8. ......

PATTERN 2—Changing a Sentence with **on** and the Active Voice to the Passive Voice

Change each of the following sentences to the passive, without changing the meaning. Notice that the sentences are in various tenses of the active voice. These same tenses must be preserved in the passive voice. Also, watch the agreement of the past participle.

MODEL: On a réparé ma voiture.
     Ma voiture a été réparée.

1.	3.	5.	7. ......
2.	4.	6.	8. ......

PATTERN 3—Avoiding the Passive Voice by Using **on** with the Active Voice

Each of the following sentences is in the passive voice. Change the sentences by using on *and put them in the active voice. In order to preserve the meaning, the same tense must be used in the active voice as was used in the passive voice.*

MODEL: Cette maison sera vendue la semaine prochaine.
      On vendra cette maison la semaine prochaine.

1.	4.	7. ......
2.	5.	8. ......
3.	6.	9. ......

PATTERN 4—Making a Sentence Causative

In each of the following sentences, the subject of the sentence does something. Change the sentence in such a way that instead of doing something, the subject has *something done.*

MODEL: Je lave ma voiture tous les samedis.
      Je fais laver ma voiture tous les samedis.

1.	3.	5.	7. ......
2.	4.	6.	8. ......

PATTERN 5—Using Pronoun Objects with the Causative

Each of the following sentences has a causative construction, and each has a noun object. Change the sentence so that the noun object becomes a pronoun object.

MODEL: Nous avons fait venir le médecin.
      Nous l'avons fait venir.

1.	3.	5.	7. ......
2.	4.	6.	8. ......

The Verb *Devoir*

PATTERN 1—Using the Present of **devoir** to Mean
must = **has to**

Change each of the following sentences so as to say the same thing, using a form of the present tense of **devoir**.

MODEL: Il faut que je parte demain. *Je **dois partir** demain.*

1.	3.	5.	7. ......
2.	4.	6.	8. ......

PATTERN 2—Using the Present of **devoir** to Mean
must = **probably does**

Each sentence says that the subject probably does something. Change the sentence so as to say the same thing using the present of **devoir**.

MODEL: Vous parlez probablement plusieurs langues.
   *Vous **devez parler** plusieurs langues.*

1.	3.	5.	7. ......
2.	4.	6.	8. ......

PATTERN 3—Using the Imperfect of **devoir** to Mean
had to

Each sentence says that the subject always used to have to do something. Change the sentence so as to say the same thing, using the imperfect of **devoir**.

MODEL: Il fallait toujours que nous arrivions à l'heure.
*Nous **devions** toujours **arriver** à l'heure.*

1. ......   3. ......   5. ......   7. ......
2. ......   4. ......   6. ......   8. ......

PATTERN 4—Using the Imperfect of **devoir** to Mean **must have** When It Indicates an Habitual Action

Each sentence says that the subject probably did something, that is, must have done something. Change the sentence so as to say the same thing, using the imperfect of devoir. Note that each sentence expresses either an habitual action or a state of mind.

MODEL: Votre collègue comprenait probablement l'espagnol.
*Votre collègue **devait comprendre** l'espagnol.*

1. ......   3. ......   5. ......   7. ......
2. ......   4. ......   6. ......   8. ......

PATTERN 5—Using the Compound Past of **devoir** to Mean **had to**

Each sentence says that the subject had to do something at a given time. Change the sentence so as to say the same thing, using the compound past of devoir.

MODEL: Il a fallu que je finisse mon travail avant de sortir.
*J'**ai dû finir** mon travail avant de sortir.*

1. ......   3. ......   5. ......   7. ......
2. ......   4. ......   6. ......   8. ......

PATTERN 6—Using the Compound Past of **devoir** to Mean **must have** = **probably did**

Each sentence says that the subject probably did something at a given time. Rephrase the sentence so as to say the same thing with the compound past of devoir.

MODEL: Il est probable que Félix est parti ce matin.
  *Félix **a dû partir** ce matin.*

1.	3.	5.	7. ......
2.	4.	6.	8. ......

PATTERN 7—Using the Conditional of **devoir**

Each sentence says that the subject will do something. Change the sentence so as to say that the subject should do that thing.

MODEL: J'irai chez les Minard demain.
  *Je **devrais aller** chez les Minard demain.*

1.	3.	5.	7. ......
2.	4.	6.	8. ......

PATTERN 8—Using the Past Conditional of **devoir**

Each sentence says that the subject did not do something. Change the sentence so as to say that the subject should have done that thing.

MODEL: Robert n'est pas parti avant onze heures.
  *Robert **aurait dû partir** avant onze heures.*

1.	3.	5.	7. ......
2.	4.	6.	8. ......

Construction with Prepositions

PATTERN 1—The Prepositions **in**, **at**, and **to** with Place Names

In this exercise you are given a number of names of places. Change the model sentence, using in turn each of these substitutions. Be sure to use the proper prepositions.

MODEL: (France) *Cet été je vais* **en France.**

1.	7.	13.	19. ......
2.	8.	14.	20. ......
3.	9.	15.	21. ......
4.	10.	16.	22. ......
5.	11.	17.	
6.	12.	18.	

PATTERN 2—The Preposition **from** with Place Names

In this exercise you are also given a number of names of places. Change the model sentence, using in turn each of these substitutions. Be sure to use the proper prepositions.

MODEL: (France) *Jean est revenu* **de France** *lundi.*

1.	6.	11.	16. ......
2.	7.	12.	17. ......
3.	8.	13.	18. ......
4.	9.	14.	19. ......
5.	10.	15.	20. ......

PATTERN 3—Verb (+ Preposition) + Infinitive

Each of the following items consists of the subject and the verb of an incomplete sentence. Complete the sentence with parler français, *linking the two parts by a preposition where necessary.*

MODEL: Cet élève a peur.
*Cet élève **a peur de parler** français.*

1.	6.	11.	15. ......
2.	7.	12.	16. ......
3.	8.	13.	17. ......
4.	9.	14.	18. ......
5.	10.		

PATTERN 4—Verb (+ Preposition) + Infinitive

Each of the following items consists of the subject and the verb of an incomplete sentence. Complete the sentence with sortir ce soir, *linking the two parts by a preposition where necessary.*

MODEL: Vous allez. *Vous **allez sortir** ce soir.*

1.	6.	11.	16. ......
2.	7.	12.	17. ......
3.	8.	13.	18. ......
4.	9.	14.	19. ......
5.	10.	15.	20. ......

PATTERN 5—Verb + à + Noun + de + Infinitive

Change the model sentence, using a proper form of each of the indicated infinitives.

MODEL: (dire) *J'ai dit à Pierre de rester à Paris.*

1.	3.	5.	7. ......
2.	4.	6.	8. ......

PATTERN 6—Impersonal **il** + Adjective + **de** + Infinitive

Each of the following sentences begins with an infinitive. Change the sentence so that you say the same thing by beginning the sentence with the impersonal il.

MODEL: Parler français est facile.
    Il est facile de parler français.

1. ......   4. ......   7. ......
2. ......   5. ......   8. ......
3. ......   6. ......   9. ......

PATTERN 7—**avant de** + Infinitive

Each of the following sentences contains en + present participle. *Change the sentence so that it contains* avant de + infinitive. *Note that this changes the meaning of the sentence.*

MODEL: J'ai eu des doutes en prenant cette décision.
    *J'ai eu des doutes **avant de prendre** cette décision.*

1. ......   4. ......   7. ......
2. ......   5. ......   8. ......
3. ......   6. ......   9. ......

PATTERN 8—**après** + Compound Infinitive

The following sentences are the same as those in the preceding exercise. Change the sentences so that they contain après + compound infinitive. *Note that this changes the meaning of the sentence.*

MODEL: J'ai eu des doutes en prenant cette décision.
    *J'ai eu des doutes **après avoir pris** cette décision.*

1. ......   4. ......   7. ......
2. ......   5. ......   8. ......
3. ......   6. ......   9. ......